Gesetz der Anziehung

Manifestieren & Wunder erschaffen mit nur 15 Minuten am Tag

Melanie Fontane

Haftungsausschluss und rechtliche Hinweise

Dieses Werk ist urheberrechtlich geschützt. Die Übersetzung und Vervielfältigung dieses Werkes oder Teile des Werkes sind ohne die ausdrückliche Zustimmung des Autors untersagt. Alle Quellen und Studien, die zur Erstellung dieses Buches herangezogen wurden, wurden vorher ausgiebig überprüft und für qualitativ hochwertig befunden. Dennoch erfolgt die Umsetzung der darin vorgestellten Methoden auf eigenes Risiko. Der Verlag und der Autor können weder Haftung für Personen-, Sach- oder Vermögensschäden übernehmen, noch für die Richtigkeit und Aktualität der hier enthaltenen Informationen garantieren. Beachten Sie, dass der Inhalt dieses Werkes auf der persönlichen Meinung des Autors basiert, zum Unterhaltungszweck dient und nicht mit medizinischer Hilfe gleichgesetzt werden darf. Bitte befragen Sie Ihren Arzt zu den in diesem Buch vorgestellten Empfehlungen, bevor Sie diese befolgen. Eine Garantie für das Erreichen der Ziele wird weder vom Autor, noch vom Verlag übernommen. Des Weiteren enthält dieses Buch Links zu anderen Webseiten, auf deren Inhalt wir keinen Einfluss haben und damit keine Gewähr übernehmen können. Zum Zeitpunkt der Erstellung dieses Buches konnten keine Rechtsverstöße verlinkter Webseiten entdeckt werden.

1. Auflage

2022

Melanie Fontane

© Alle Rechte vorbehalten.

Inhalt

Inhalt I

Einleitung 1

Die Basics 7

1. Die Grundlagen - Quantenphysik ganz simpel erklärt 8

2. Alles ist Energie - Deine unsichtbare Wunderblase 12

2.1 Alles besteht aus Schwingungen .12

2.2 Chakren – Deine Energiezentren .15

2.3 Die Herzkohärenz 18

Übung 1 – Kohärenz 20

2.4 Quantenheilung und Magie 21

Übung 2 – Gedanken anhalten 22

2.5 Gesegnetes Essen und Energietransfer 23

3. Die Sieben Gesetze Des Universums .24

3.1 Die sieben Gesetze erklärt 24

Übung 3 – Ho'oponopono 26

4. Deinen Verstand und das Gedankenkarussell verstehen 28

4.1 Unsere Sinne 28

4.2 Verstand und Unterbewusstsein .30

4.3 Dein Ego 34

4.4 Höheres Selbst 37

5. Emotionen = Energie in Bewegung 40

5.1 Was Gefühle mit dem Manifestieren zu tun haben 40

6. Achtsamkeit und die Illusion der Zeit 44

Die Powerpraxis 49

7. Dein Wunder-Wunschjournal für fantastisch formulierte Ziele an das Universum 50

7.1 Der innere Kern - Finde deine wahren Herzenswerte 50

8. Bye, Bye Selbstzweifel! - Mit magischen Affirmationen dein Unterbewusstsein auf dein Wunschleben transformieren 56

8.1 Formulierung der Affirmationen .56

8.2 Behandele deine persönlichen Wunder wie ein Schatz 58

9. Auch du verdienst das Beste, versprochen! - Limitierende Glaubenssätze beseitigen 59

Übung 1 – Der Vergleich 61
Übung 2 – Der Dialog und die Meditation 63
Übung 3 – Das Morgenritual und die Intention für den Tag 64
Übung 4 – Du bist dein bester Freund 65

10. Das Unmögliche ist Möglich – Richtig Manifestieren mit diesen simplen „Do's and Dont's" 67

11. Der Sprachcrashkurs - Die perfekte Formulierung für erfolgreiche Bestellungen an das Universum 71

12. Wunder2Go - Die effektivsten und schnellsten Manifestationstechniken für den Alltag 73

Technik 1: Ein Sigil kreieren und damit manifestieren 73
Technik 2: 4-E-Scan 74
Technik 3: Glücksbaum 75
Technik 4: Schreibe ein Drehbuch 75
Technik 5: Visualisierung 77
Technik 6: Ein Quantensprung entfernt vom Glück 78

13. Ein Gedanke entfernt vom Glück - Energiefrequenz sofort und überall maximieren 79

14. Zeit überlisten 83

14.1 Bewusstsein ausdehnen und sich mit dem universellen Sein verbinden 83
14.2 Neuprogrammierung des Denkens und Lösung von gedanklichen Blockaden 84
14.3 Zukunftsreise des Wunschlebens 86

15. Der Grübel-Notfallplan: Soforthilfe bei aufkommenden Zweifeln 88

16. Audio-Bonus: Meditationen zur Entblockierung deiner Chakren und Gestaltung deiner Wunschzukunft 91

17. Dein angeleiteter 15-Minuten Glückskompass (21-Tage Transformationstagebuch) 92

Danksagung. 152

Literaturverzeichnis 153

Einleitung

„Das Gesetz der Anziehung" - Was für ein kraftvoller Begriff! Allein schon beim Lesen dieses Titels sind dir doch sicher gleich hunderte von Gedanken durch den Kopf gejagt und dein Herz hat womöglich einen kleinen, fröhlichen Hüpfer gemacht. So darf es sein! Wer von uns wünscht sich nicht ein erfülltes Leben, allumfassende Gesundheit, Wohlbefinden, Erfüllung im Beruf und in der Liebe? Vielleicht hältst du dieses Buch aber auch in den Händen, weil du dich trauen möchtest, dich endlich selbst zu verwirklichen und deine ganz eigene Wahrheit und Leidenschaft zu leben? Wünscht du dir eventuell nur einen Traumurlaub oder sehnst du dich schon ewig nach einem Traumhaus? Möglicherweise sind es aber auch Umstände des Alltags, die dich nerven und die du endlich ändern möchtest. Was Glück und Erfüllung ist, endscheidest du ganz allein. Es gibt so unzählig viele Aspekte in unserem Leben, von denen wir annehmen, dass sie uns innere Zufriedenheit und Glück bringen.

Doch immer noch denken viele von uns, dass es einen Grund gibt, warum gerade uns immer wieder all diese negativen Dinge widerfahren. Und manchmal ist da dieses Gefühl, wir wären dem Schicksal regelrecht „ausgeliefert", wir könnten eh nicht „aus unserer Haut" - sei es beruflich oder privat. Und dann begegnen wir Menschen, denen scheinbar alles „zufliegt", die nicht so hart arbeiten müssen, wie du selbst und die – scheinbar mit Leichtigkeit – alles erreichen, was sie sich wünschen. Ist das das Schicksal, von dem immer wieder gesprochen wird? Muss ich es einfach hinnehmen, dass mein Leben so ganz anders verläuft und mein Traum trotzdem unerreichbar scheint, obwohl ich hart dafür ackere? Auf einmal fühlen sich all jene Menschen, die nicht vom Leben verwöhnt sind, als Opfer und schon beginnt ein Teufelskreis, aus dem es einem nicht gerade leichtfällt, alleine herauszufinden.

Vielleicht wenden wir uns an unsere Freunde oder Bekannten und schütten ihnen unser Herz aus. Wie oft erhielten wir bereits Ratschläge wie: „Hör auf zu jammern.", „Sieh doch nicht immer nur das Negative in Deinem Leben.", „Du musst positiv denken!"? Alles schön und gut, doch du fragst dich nun sicherlich: „Wie genau geht das? Wie stelle ich es an, mein Leben in meine Hände zu nehmen?" Unzählige Bücher wurden bereits zu diesen Themen verfasst, doch nichts von all dem hat wirklich auf lange Sicht tatsächlich effizient geholfen. Dein Eindruck verschärft sich eventuell sogar noch und du fühlst dich immer mehr als „ein Opfer deiner Umstände". Und genau hier setzt dieses Buch an, denn ich möchte dir aufzeigen, dass du keinesfalls ein Opfer, ein Verlierer bist und ich an demselben Punkt wie du war!

Wer kennt sie nicht, diese vor Kraft strotzenden Menschen, diese Gewinner, denen alles förmlich „zufliegt"? Wir bewundern, wie sie alles erreichen und, wenn sie doch einmal den einen oder anderen Schicksalsschlag einstecken mussten, mit offenbarer Leichtigkeit aus ihrem Dilemma wieder herausfinden und stärker denn je daraus hervorgehen. Es scheint nichts zu geben, dass sie unterzukriegen vermag und ihre Einstellung bleibt in jeder Lebenssituation – selbst in den tiefsten Krisen – überaus entspannt. Es ist, als würde sie ein ewiges Geheimnis begleiten, das nur sie kennen. Und wir würden wahrscheinlich alles dafür geben, um dieses Geheimnis zu lüften und ebenfalls dem Leben so zu vertrauen.

Du siehst, dieses Thema ist so allumfassend und zukunftsschreibend, dass schier keine Grenzen gesetzt sind und so möchte ich dir mit diesem umfangreichen Buch einen Ratgeber an die Hand geben, der dich hoffentlich dein weiteres, wundervolles Leben tatkräftig unterstützen und begleiten mag.

Nun möchtest du sicher am besten sofort erfahren, wie du ebenfalls einer von diesen „Glückspilzen" werden kannst. Und verständlicherweise willst du lieber heute als morgen die hier für dich zusammengetragenen Tipps erfolgreich in deiner Realität umsetzen, um das Leben zu kreieren, dass du dir schon immer von Herzen gewünscht hast, nicht wahr? Doch bevor wir uns gleich in den praktischen Teil dieses Buches stürzen, lass uns vorab ein wenig das Theoretische betrachten, um den nötigen Background zu schaffen. Aber keine Sorge, es wird sicher nicht langweilig und dir wird schnell klar werden, dass dieser Teil sogar seine Vorteile in sich birgt, da wir mit dem Theorieteil, also den Basics, deinen Verstand ab- und mit „ins Boot" holen. Dies gewährleistet uns, dass wirklich alle Aspekte deines wundervollen Seins berücksichtigt und als Freund angesprochen und beflügelt werden, dich bei deinem Vorhaben zu unterstützen. Du wirst außerdem verstehen, dass es nicht einfach Pech ist, wenn dir etwas Schlechtes widerfährt, sondern dass du die Naturgesetze einfach noch nicht richtig angewendet hast.

Sicher hast du bereits von dem „Gesetz der Anziehung" gehört. Eventuell hast du sogar schon das eine oder andere ausprobiert, aber bisher wollte nichts davon so richtig funktionieren. Also gabst du es wieder auf und es wurde von dir möglicherweise als ineffizient oder sogar noch als Humbug abgetan. Allerdings ist es oft so, dass man versehentlich und unterbewusst seine Wünsche mit den falschen Formulierungen wieder zurücknimmt oder bestimmte Übungen von vornherein nicht richtig angewendet hat. So wundervolle Resultate das Gesetz der Anziehung auch in deinem Leben erzielen kann: es braucht erst einmal eine Schulung, Auseinandersetzung mit deiner Selbst und das gewisse Knowhow.

Eines darf uns jedoch klar sein: das Gesetz der Anziehung begleitet uns immer und überall und handelt für jeden Menschen gleich – Fair, nicht wahr? Es wirkt ständig in unserem Alltag. Und sicher kennst auch du gewisse Situationen wie z. B. die, dass du ganz intensiv an eine bestimmte Person denkst und plötzlich klingelt das Telefon, und genau dieser Mensch ruft dich an. Oder du trägst dich seit einiger Zeit mit dem Gedanken, ein Kind in die Welt zu setzen und auf einmal siehst du immer und überall werdende Mütter oder Väter, die Kinderwägen vor sich herschieben. Nun denkst du vielleicht, dass die Begegnungen der letzten Wochen überhaupt erst diesen Wunsch in dein Herz getragen haben. Doch dem möchte ich widersprechen, denn meine Erfahrungen haben gezeigt, dass es immer unsere Gedanken sind – seien sie bewusst oder unbewusst – die die Dinge, Menschen und Situationen in unser Leben ziehen und die wir bis heute vielleicht als „Schicksal" erleben und wahrnehmen. Viele unserer Gedanken sind leider oft sehr negativ geprägt. Dies ist für die Universelle Sprache und unser Energiefeld nicht von Vorteil, jedoch versucht unser Gehirn gleichzeitig uns mit diesen Gedanken vor Gefahren zu schützen. Doch in dem Moment, in dem wir diesen Sachverhalt endlich erkennen, können wir ihn beheben.

Wenn wir uns recht entsinnen, begann unsere bisherige, weniger hilfreiche Wahrnehmung der Realität schon sehr früh in der Kindheit. Gerade als kleines Mädchen hatte ich selbst so viele Wünsche und Träume. Doch meine Mutter entgegnete immer wieder nur mit dem Satz: „Das Leben ist kein Wunschkonzert." Und was tat ich? Ich glaubte ihr. Warum hätte sie mich auch anlügen sollen? Inzwischen habe ich es verstanden: Sie wusste es einfach nicht besser!

Und noch etwas anderes, etwas sehr Entscheidendes ist mir klar geworden: Die Anziehung unserer Wünsche liegt in der richtigen Manifestation! Wir müssen ihnen nicht hinterherjagen, sondern sie kommen zu uns. Das WIE kommt von allein. Wenn wir uns das Naturgesetz, das Gesetz der Anziehung, immer wieder bewusst und vor allem auf korrekte Weise zu Nutze machen, können wir alles erreichen. Wichtig dabei ist, dieses Gesetz richtig zu verstehen und anzuwenden. Wenn es uns gelingt, die „Sprache des Universums" zu sprechen, gelangen wir damit in die Energiefrequenz, die es uns ermöglicht, den Schöpfer in uns wiederzuerwecken.

Energiefrequenz? Lass dich bitte nicht abschrecken von diesem Begriff. Oftmals wird er mit Hokuspokus oder Esoterik in Verbindung gebracht. Ich bin mir sicher, im tiefsten Inneren deines Seins ist dir bereits völlig klar, dass alles um uns herum Energie ist – auch wir selbst, das Buch, was du in der Hand hältst und vor allem unsere Gedanken und Gefühle! Auch das werde ich dir selbstverständlich erklären. Doch allzu oft stecken wir fest auf den eingefahrenen Schienen des Lebens, von dem wir bisher angenommen haben, dass dies nun also unser Weg sein soll bis zum Ende unserer Tage, ohne es genauer zu hinterfragen. Und so marschieren wir, mal mehr, mal weniger tapfer, oft sehr unbewusst und teilweise auch „automatisiert" durch unseren Alltag.

Du glaubst, dass du nicht unbewusst bist? Hast du beispielsweise gewusst, dass jeder Mensch bis zu 60.000 Gedanken pro Tag hegt, wovon ca. 90 – 95 % Wiederholungen von Dingen sind, die wir bereits durch Erfahrungen und in unserem Alltag kennen? Dies fand die National Science Foundation* bereits im Jahr 2005 heraus. Kein Wunder also, dass man sich da schnell in eine Abwärtsspirale „hineindenken" kann. Weiter führt die Studie an, dass dementsprechend nur ca. 5 – 10 % unserer Gedanken tatsächlich „neu" sind, da wir durch den ganzen Alltagstrott auch gar nicht mehr dazu kommen, diese genauer zu beobachten. Zudem sollen ca. 80 % unserer Gedanken eher negativ belastet sein, was unserer Unbewusstheit und unserem Ego (Schutzmechanismus) zu verschulden ist. All diese negativen Gedanken, die wir tagtäglich denken, rufen bestimmte Gefühle und Emotionen in uns hervor, manche weniger intensiv, manche stärker, je nach Erfahrung. Wenn wir dies wissen, haben wir bereits viel erreicht, denn das Gute ist, dass wir selbst Zugriff darauf haben, was wir denken und dass jeder von uns zu jeder Zeit die Wahl hat, dies zu ändern. Du hast bis jetzt also schon einen wahnsinnig großen Schritt geleistet!

Leichter gesagt als getan? Vielleicht hast du recht, vielleicht gelingt es mir aber auch, dich vom Gegenteil zu überzeugen. Nun fragst du dich vielleicht, was gerade mich dazu qualifiziert, hier derlei große Behauptungen aufzuführen. Damit du weißt, dass du durch mich tatsächlich hilfreiche Unterstützung erfahren kannst, möchte ich mich dir nun einfach kurz vorstellen:

Am 27.04.1972 in Bonn geboren und in Köln aufgewachsen, erkannte ich durch meine vielseitigen, liebgewonnenen Fähigkeiten, dass das Leben so viel mehr zu bieten hat, als es nach außen den Schein erweckte. Schon früh entdeckte ich meine Affinität zur Physik und studierte an der Universität zu Köln.

Mit großem Interesse bin ich u.a. auch auf das Feld der Quantenphysik* (das Feinstoffliche, die Lehre des Allerkleinsten) gestoßen. Dies war federführend für mein weiteres Leben, denn nun begann ich, mich genauer mit dem Thema „Gesetz der Anziehung" zu beschäftigen. Ich las all die Klassiker wie „The Secret", „The Law of Attraction", „The Master Key System" und „The Secret of the Ages" und vieles mehr. Selbst das Buch „Thought Vibration", verfasst von William Walker Atkinson im Jahr 1906, das wohl älteste Exemplar des Westens, das meines Wissens das Gesetz der Anziehung beschrieben hat, sog ich förmlich in mich auf. So lernte ich immer mehr über diese Thematik und vor allem, welche schöpferische Kraft das eigene, geistige Potential hat und warum. Wundere dich bitte somit nicht, dass ich so viele, für mich unglaublich wertvolle, Bücher und Quellen in diesem Buch zitiert habe. Diese habe ich sorgfältig getestet und als hilfreich empfunden.

Da ich zum damaligen Zeitpunkt selbst auch nicht zufrieden war mit dem, was mir das Leben bescherte, wusste ich, wie schwer es war, das eigene „Traumleben" zu kreieren und dass es anfangs eine Hürde sein kann. Also verinnerlichte ich all das angelesene Wissen und wandte die dort aufgeführten Methoden mit großem Interesse immer und immer wieder an und testete sie auf Herz und Nieren. Zu dieser Zeit habe ich mich immer wieder mit anderen Menschen ausgetauscht, die diese Bücher ebenfalls gelesen und die darin enthaltenen Anweisungen selbst überprüft hatten. Allerdings musste ich feststellen, dass es nicht bei allen danach mit der erhofften „Wunscherfüllung" geklappt hat.

Das machte mich neugierig. Warum funktionierte es bei manchen Menschen und bei anderen nicht? Was machten sie anders? Mein Wissensdurst war geweckt. Ich recherchierte immer mehr, probierte vieles aus und schrieb alles Wissenswerte nieder. Weitere Lektüren wurden gelesen, erforscht, es wurde herumprobiert, verworfen, neu entdeckt und, und und. Dies war der Schlüsselmoment, an dem ich mich entschied, selbst ein Werk zu verfassen, das alle wichtigen Erkenntnisse zusammenfasst, sich noch mehr auf die Praxis und die alltagstaugliche Umsetzung konzentriert und wirklich jedem die Möglichkeit an die Hand gibt, Herzenswünsche mit dem Gesetz der Anziehung in das eigene Leben zu rufen. Schlussendlich habe ich auf Grundlagen von bekannten Büchern, der eigenen Erfahrungen und dem privaten Austausch mit Energietherapeuten und Quantenphysikern für den Erfolg des Manifestierens ein Manuskript verfasst, welches es dir nun ermöglicht, die wichtigsten Grundlagen zu verstehen und deinen Blick nach innen zu richten. Du erlernst die Sprache des Universums, damit das Gesetz der Anziehung all deine Wünsche auf Bestellung effektiv erfüllen kann. Und zusätzlich beinhaltet dieses Buch im großen Praxisteil leicht verständliche Techniken und kurze Übungen plus meinem ganz persönlichen „15-Minuten-Geheimnis". Somit sind die einzelnen Schritte weiter ausgefeilt und die Chance auf Erfolg und die Wunscherfüllung wurden maximiert. Ich konzipierte eine neue, leicht anwendbare Methode dieser doch sehr alten Technik des Manifestierens und testete sie mit viel Freude und Enthusiasmus auch an meinen Freunden und Familienmitglieder, denen es bisher ebenfalls schwergefallen war, ihre gewünschten Ziele zu erreichen. Das 15 Minuten Geheimnis stieß dabei auf positive Rückmeldung und einem hohen Erfolg beim Manifestieren!

Mit dem Konzept wurden noch unterbewusste Probleme und ungewollte Emotionen an die Oberfläche getragen und konnten geklärt werden, sodass ein voller Erfolg gesichert war.

Zusätzlich beschäftigte ich mich ausführlich mit verschiedenen Experimenten, die bereits zu diesem Thema durchgeführt wurden. Ganz besonders beeindruckten mich hierbei zum einen das spannende Wasserexperiment von Dr. Masaru Emoto* und zum anderen das „Visionboard – Gesetz der Anziehung" von Hanna Jähde*. Was soll ich sagen? Mit dieser wundervollen Arbeit fand ich meine Passion in der Persönlichkeitsentwicklung mit dieser Grundlage und konnte bereits sehr vielen Menschen helfen. Inzwischen bin ich selbst Lehrerin auf einem Fachgymnasium für das Fach „Glück" und helfe den Schülern und angehenden Studenten, ihre Ziele zu erreichen und vorhandene Blockaden zu lösen. Ich zeige den Menschen auf, negative Glaubenssätze und -muster, die einen bisher klein- oder zurückgehalten haben, zu erkennen und zu lösen und mit Hilfe meiner eigenen Methode das Gesetz der Anziehung effektiv umzusetzen. Und ich spreche hier von einem Werkzeug, das wirklich für jeden Mensch in jeder

Situation geeignet ist! Es ist ausgesprochen simpel und viel einfacher, als du vielleicht gerade denkst. Und ganz egal, wer du bist und was du machst: Das Gesetz der Anziehung funktioniert bei jedem!

Bereits eingangs erwähnte ich die „Sprache des Universums". Wenn wir lernen, unseren Autopiloten auszustellen und als Fundament einen genauen Blick auf uns selbst zu richten, öffnen wir in uns ein Tor, dass es uns erleichtert, eben diese Sprache zu verstehen und mit ihr zu kommunizieren. Wir erkennen, dass die von uns wahrgenommene Realität (oder besser Realitäten?) sehr subjektiv ist. So, wie du dein gesamtes Umfeld individuell wahrnimmst – durch deine eigenen Erfahrungen, Gedanken und Gefühle – ist jeder Moment deines Lebens einzigartig. Uns darf bewusstwerden, dass alles, was wir wahrnehmen, durch unsere eigenen Erfahrungen „getrübt" ist. Die Welt ist so, wie du sie siehst. Wenn wir dies einmal erkannt haben, fällt es uns um einiges leichter, unsere Glaubenssätze zu überdenken und unser Inneres umzustrukturieren. In dem Moment, in dem wir unser Inneres verändern, verändern wir auch die Geschehnisse im Außen.

Wir bestimmen also unsere Realität durch unsere Sinne: Denken und Fühlen. Und am Ende dieses Buches wirst du wissen, wie wichtig ausgerechnet deine Gefühle beim Manifestieren sind.

Bitte glaube daran: Wunder sind möglich! Kleine Wunder erledigen wir sofort, die größeren benötigen einfach nur ein wenig mehr Zeit und es ist für das Manifestieren wichtig, das Vertrauen und den Glauben nicht zu verlieren und geduldig zu bleiben. Ganz egal, wie dein Leben gerade für dich aussehen mag, du selbst hast es ab sofort in der Hand, die unliebsame Opferrolle abzulegen das Wundervolle in Deinem Leben zu erschaffen.

Nun stellt sich nur noch die Frage, WANN der beste Zeitpunkt ist, um die Lösung unserer Probleme in Angriff zu nehmen. Wann, wenn nicht JETZT?! Warum sollten wir auf die nächste Krise in unserem Leben warten, wenn wir doch bereits jetzt dafür sorgen können, dass diese gar nicht mehr erst durch uns selbst hervorgerufen wird? Müssen wir erst am Boden liegen, um aufzustehen und unser Leben selbst in die Hand zu nehmen? Dazu brauchen wir es nicht kommen lassen. Sieh diese Zeilen als Aufruf an dich persönlich, ganz bewusst, im Hier und Jetzt in die Selbstermächtigung zu gehen! Suche nicht länger einen „Schuldigen" für all die Missetaten und richte deine Aufmerksamkeit nicht mehr nur auf das, was um dich herum geschieht, sondern schenke dir selbst deine ungeteilte, achtsame Aufmerksamkeit und leite sie in dein tiefstes Inneres. Schließe Frieden mit der Vergangenheit und interpretiere es als Learning. Das Leben ist viel zu kurz, um Trübsal zu blasen. Beginne noch heute damit, das Glück in Dein Leben zu holen und deine wundervollen Wünsche und Träume zu manifestieren!

Lasse deine eigenen Wunder geschehen und glaube fest daran, denn Wunder und Magie gehören ebenfalls zu den Naturgesetzen. Sie sind kein „esoterischer Hokuspokus", sondern physikalisch erklärbar. Du wärst erstaunt, wenn du wüsstest, wie eng die Naturgesetze, Spiritualität und die Quantenphysik zusammenhängen.

Wir werden sehr viel Zeit miteinander verbringen, die Praxis zu betrachten und dir mit spannenden Meditationen, Tipps und Anleitungen zu alltagstauglichen Übungen ein Hilfsmittel zur Verfügung stellen, dass dich erfahren lässt, wer du wirklich bist. Zudem wird es dir deine wahre innere Stärke aufzeigen und dich ein Stück deines Weges an die Hand nehmen, um auch das Thema „Selbstdisziplin" zu vertiefen und deine psychische Widerstandskraft noch weiter zu erhöhen. Und wenn wir es dann geschafft haben, dass du dein Leben mit ein wenig Einsatz, viel Bewusstsein und noch mehr Freude dermaßen veränderst, dass das Glück auch bei Dir Einzug hält, dann haben wir alle doch am Ende immens viel gewonnen!

So lass uns nun mit dem theoretischen Teil beginnen und eintauchen in das Geheimnis, das auch Dein Leben verändern mag...

Die Basics

Wie versprochen, starten wir nun erst einmal mit dem theoretischen Teil, damit ich dir ein paar Basics der Quantenphysik näherbringen kann. Keine Sorge, es wird auch nicht langweilig! Dieser Teil ist besonders wichtig, da sich mit ihm auf einfache Weise erklären lässt, dass das Fühlen ganz besonders wichtig ist, wenn es darum geht, das Gesetz der Anziehung erfolgreich für dich zu nutzen. Dein Handeln ist dabei durch folgende Reihenfolge geprägt:

1. Deine Wahrnehmung (du nimmst etwas über deine Sinne wahr)

2. Dein Denken (das, was du wahrgenommen hast)

3. Deine Emotionen (das Gefühl, das in dir ausgelöst wird durch das Wahrnehmen und Denken)

4. deine Energie, die du durch die Emotionen erhältst und dich letztendlich zum

5. Handeln bewegt (dies wird später im Praxisteil näher beschrieben)

Kapitel 1:

Die Grundlagen - Quantenphysik ganz simpel erklärt

Mit dem Ziel, die physikalischen Vorgänge in atomaren Größenordnungen zu beschreiben, legten deutsche Forscher bereits in den Jahren 1925 bis 1935 entscheidende Grundlagen für die Quantenphysik. Die klassische Physik konnte hierbei nicht zu Rate gezogen werden, da auch das Verhalten von Quantenobjekten unseren Alltagsvorstellungen völlig widersprach. Damals ging man noch davon aus, dass der Geist und die Materie komplett voneinander getrennte Phänomene seien, was durch die Quantenphysik jedoch einwandfrei widerlegt wurde. In der Moderne wurde angenommen, dass die Grundnatur des Universums eine gewisse Ordnung hat, der sie unterliegt und aus diesem Grund vorhersehbar, berechenbar und erklärbar ist. So stellte Isaac Newton die Behauptung in den Raum, dass alles „fest" sei. Das gab den Grund zu der Annahme, dass der Mensch keinen Einfluss auf spätere Resultate hat und die gesamte Wirklichkeit von vornherein bereits festgelegt und somit vorbestimmt sind.

Sollte diese Annahme korrekt sein, wäre es verständlich, dass wir denken, dass unsere eigenen Gedanken keine große Rolle bezüglich der Geschehnisse in unserem Leben spielen. In diesem Fall wäre es sogar verständlich, dass viele Menschen sich noch immer als „Opfer der äußeren Umstände" sehen und sich dem, was um sie herum geschieht, hilflos ausgeliefert fühlen. Sie ergeben sich also ihrem „Schicksal", dass scheinbar für sie vorbestimmt ist.

Seit hunderten von Jahren hat uns diese Überzeugung bisher beeinflusst und ist bei vielen Menschen auch heute noch in ihren Köpfen verankert. Doch mittlerweile gibt es bahnbrechende Erkenntnisse, die diese Annahme widerlegen und mich bereits in meinem Studium faszinierten:

Schon im Jahr 1900 begründete Max Planck die Quantentheorie. Seine Auffassung war es, dass alles, was uns umgibt, als eine Art Matrix schwingender Energie zu sehen ist, die alles, was ist zusammenhält. Im Jahr 1916 fand Albert Einstein* heraus, dass Energie und Materie das Gleiche und somit austauschbar sind. Dies brachte uns ein neues Verständnis für das Universum und dessen Ordnung. Die Quantenphysik widerspricht somit den klassischen Vorstellungen der uns bekannten Physik.

Im 20. Jahrhundert wurde dann damit begonnen, sich besonders mit den subatomaren Ebenen zu beschäftigen, also den Protonen, Elektronen, Atomen und Neutronen, den kleinen Bausteinen der physischen Materie. Lass uns dies näher betrachten.

Atome sind vor allem Bausteine im physikalischen Universum und bestehen u.a. aus einem Atomkern, der von einem großen Feld umgeben ist und aus einem oder mehreren Elektronen besteht. Dieses Feld ist – im Vergleich zu den winzigen Elektronen – so groß, dass es zu 99, 9999999 % als „leer" erscheint.

Aber kein Raum ist wirklich leer, sondern besteht aus einer Vielzahl von energetischen Frequenzen. Es ist also ein „unsichtbares", miteinander verbundenes Informationsfeld (s. Quelle: N. Bohr*).

Bei den verschiedensten Experimenten, auch bekannt als die „Doppelspalt-Experimente", wurde folgendes herausgefunden: Je nach Geisteshaltung des Beobachters, also des Menschen, der sich einen Gegenstand ansieht, können diese Bausteine eben dieses Gegenstandes gleichzeitig Wellen (Energie) und Teilchen (physische Materie) sein. Das Verhalten der Elektronen war sehr ungewöhnlich und es ließ sich nicht voraussagen, das will heißen: die Elektronen haben einmal Energie gewonnen, ein anderes Mal wieder verloren, einmal waren sie sichtbar, dann sind sie auf einmal verschwunden und woanders wieder aufgetaucht, ohne dass sie durch Zeit und Raum in irgendeiner Weise beschränkt waren. Dies ist genau der Punkt, der die subatomare Welt so einzigartig macht, da die Elektronen somit nicht nur eine physische, sondern auch eine energetische Qualität haben.

Hier stellt sich nun die Frage, wohin verschwinden dann diese Partikel, wenn sie sich „in Luft auflösen"? Die Quantenphysiker Claus Jönsson & Amand Fässler* konnten folgendes Phänomen beobachten: Derjenige, der diese winzigen Partikel beobachtet, beeinflusst das Verhalten von Energie und Materie. So zeigten die Experimente auch, dass Elektronen gleichzeitig in einer unendlichen Zahl von Möglichkeiten in einem unsichtbaren Energiefeld existieren. Doch sobald ein Beobachter seine Aufmerksamkeit auf eine beliebige Position von diesen Elektronen richtet, „kollabiert" das energetische Feld. Dies wird das „Quantenereignis" genannt. Beobachtet man dieses Elektron jedoch nicht, so gibt es unendliche viele Möglichkeiten (= Superpositionen) und das Elektron verschwindet in der Energie. Das bedeutet im Umkehrsinn: ein Elektron existiert so lange nicht, bis wir es beobachten und unsere Aufmerksamkeit, unsere Energie darauf lenken. Somit sind Geist und Materie eng mit dem Quantenfeld verbunden und nicht getrennt. Daraus resultiert die Wissenschaft der Quantenphysik und auf diese Weise wurde ein neues Weltbild erschaffen. Unsere Annahme, Atome würden aus fester Materie bestehen, wurde somit widerlegt, denn sie bestehen größtenteils aus „leerem Raum" und lassen sich beeinflussen. Ist dies bis jetzt verständlich für dich? Lass uns mal ein Alltagsbeispiel nehmen:

Nun, alles, was wir bisher als feste Gegenstände in einem Raum wahrgenommen haben (z. B. dein Auto, die Couch, das Haus – also alles Grobstoffliche) ist in Wahrheit keine feste Materie, sondern es sind Energiefelder, also Frequenzmuster, die Informationen in sich tragen (das Feinstoffliche).

Fassen wir noch einmal zusammen: Wenn ich nicht einfach nur das große Ganze betrachte, sondern in alles Bestehende auf die kleinste Ebene „hineinzoomen" würde, stelle ich fest, dass die Grundbausteine eines Atoms nicht den klassischen Gesetzmäßigkeiten der uns bisher so vertrauten Physik folgen.

Was genau verstehen wir nun unter einem Quantenfeld? Das sogenannte Quantenfeld ist jenseits von der uns bekannten Materie und lässt sich keiner Dimension zuordnen. Seine Frequenz wird oft als „intelligente Liebe" bezeichnet, die stets auf das Wachstum ausgerichtet ist. So entsteht alles Leben aus dem Quantenfeld, der „göttlichen" Quelle. Dieses Feld ist grenzenlos und voller Energie; einer Energie, die so kraftvoll ist, weil sie rein und ohne Absicht oder Bedingung ist. Diese Energie ist jenseits des Verstandes und hebt Zeit und Raum auf. Sie verbindet die gesamte Welt, alle Planeten und alles Leben miteinander. Und wenn wir davon ausgehen, dass unsere Seele ebenfalls dem Quantenfeld entspringt, dürfen wir annehmen, dass wir mit unserem Seelenpotenzial Zugang zu allem haben und somit stets mit der schöpferischen Quelle, dem Alles-was-ist verbunden sind und es keine Grenzen gibt.

Dr. Joe Dispenza* hat in seinem Buch „Becoming Supernatural: How common people do the uncommon" einen beeindruckenden Vergleich dazu erbracht: Die Menschen denken, dass nach einer Explosion, also dem Urknall im Normalfall viel Unordnung und Chaos entstehen sollte, jedoch entwickelte sich daraus tatsächlich ein perfektes Meisterwerk der Natur – und das alles nur durch das Quantenfeld ermöglicht.

Physikalisch betrachtet ist das Quantenfeld somit ein unsichtbares Feld aus Energie und Informationen. Oft wird es auch als „Feld des Bewusstseins" beschrieben, mit dem die Naturgesetze gesteuert werden. Nur weil wir etwas nicht mit den Sinnen wahrnehmen können, erscheint uns dies oft als nicht wahr oder nicht vorhanden. Wie wir jedoch weiter oben feststellten, kann ein Partikel sich in der Realität, also auf unseren bekannten Zeit-Raum-Gefüge (im dreidimensionalen Raum) erst dann manifestieren, wenn es beobachtet wird. Dies nennt man Kollaps der Wellenfunktion/Beobachtereffekt*: Wenn der Beobachter nach einem Elektron Ausschau hält, dann gibt es einen bestimmten Punkt in Zeit und Raum, an dem alle Möglichkeiten des Elektrons in einem physischen Ereignis kollabieren, also Wirklichkeit werden. Somit sind Geist und Materie nicht mehr voneinander getrennt, sondern untrennbar miteinander verbunden. Was bedeutet dies für deine Wünsche? Es sollte dir nun deutlich werden, dass unser subjektiver Geist die objektiven Veränderungen in der physischen Welt verursacht.

Fazit des ersten Kapitels: Nutze diesen Beobachtereffekt für dich und lasse so die Wahrscheinlichkeitswellen mit deiner Herzenswahl selbst kollabieren! Du bist zu jeder Zeit deines Lebens in der Lage, unendlich viele Möglichkeiten zu kreieren und in deine Existenz, in dein Leben zu bringen und nicht deinem Schicksal ausgeliefert wie bisher angenommen. Das musste ich auch erst einmal verstehen! Es ist lediglich von Nöten, dass du dir ein entsprechendes, von dir gewünschtes Ereignis vorstellen und hineinfühlen kannst, dann existiert diese Realität im Quantenfeld und wartet im Grunde genommen nur noch darauf, von dir beobachtet und mit Leben erfüllt zu werden. Es ist vergleichbar mit einem Batzen Ton, der vor dir liegt und nur darauf wartet, von dir geformt zu werden. Und auch wenn du bisher selbst noch nie getöpfert haben solltest, dein Herz weiß, wie viele unendliche, wundervolle Möglichkeiten hier auf dich warten! Lass dein Bewusstsein, also deinen Verstand für dich arbeiten, denn er beeinflusst die Energie (Materie). Wenn du für dich selbst erkennst, dass du auf der grundlegendsten Ebene deines Seins Energie mit Bewusstsein bist, erkennst du deine wahre Macht und es fällt dir deutlich leichter, die Verantwortung bei dir zu suchen und nicht im Außen. Du bist kein Opfer deiner Vergangenheit oder deiner Umstände. Vor dir liegt quasi ein großes, weißes Papier, dass nur darauf wartet, von dir „erfüllt" zu werden!

Mit diesem Wissen willst du sicher sofort begeistert damit beginnen, weil du glaubst, dass du dir dein Wunschleben einfach nur visuell vorzustellen brauchst. Doch ganz so einfach ist es nicht, denn es gehört schon etwas mehr dazu als bloß der Gedanke selbst. Wie du bereits erfahren hast, ist das Quantenfeld ein unsichtbares Feld aus Energie, so dass du dich in jedem Fall auch energetisch einschwingen solltest, um das Erwünschte auch tatsächlich anzuziehen und zu erhalten.

Nehmen wir einmal an, du hast genug davon, allein durchs Leben zu gehen und wünscht dir einen Partner an deiner Seite. Schön und gut – gesagt getan. Schon bald, nachdem du diesen Wunsch geäußert hast, tritt ein Partner in dein Leben, der anfangs recht schnuckelig ist, zuvorkommend, vielleicht sogar attraktiv und intelligent. Mmmh... Und weiter? Was hilft es dir, wenn genau dieser Mensch dich zwar nun ein Stück deines Weges begleitet und ein Leben mit dir teilt, aber alles andere als dein Seelenpartner ist? Vielleicht hat er oder sie Geld, einen guten Job und vieles mehr, doch „irgendetwas" fehlt. Was, wenn es so gar nicht zwischen euch „funken" will, weil einfach nicht das passende Gefühl vorhanden ist? Gefühl? Das ist es! Da war doch was! Hatten wir nicht erkannt, dass das Fühlen eine markante Rolle beim Manifestieren spielt? Gedanken haben viel Macht, sicher. Doch was unser Gefühl vermag, grenzt an Magie – sprengt sie sogar! Frage dich, wie du dich fühlen willst, wenn du dir etwas wünschst.

Oder wie es der Physiker Amit Goswami* in seinem Werk „Quantum Doctor" beschreibt: „das Elektron im Feld der Möglichkeiten ist vom Bewusstsein nicht getrennt ... Es ist eine Möglichkeit des Bewusstseins selbst, eine materielle Möglichkeit. Wenn das Bewusstsein in die Möglichkeitswelle kollabiert, indem es sich eine der möglichen Facetten des Elektrons aussucht, dann wird diese Facette Wirklichkeit."

Dieser Satz ist mir bis heute in Erinnerung geblieben und fasst das Kapitel noch einmal schön zusammen.

Nicola Tesla geht sogar noch einen Schritt weiter und ist der Auffassung, dass jeder Mensch, der die Geheimnisse des Universums ergründen möchte, sein Denken auf Energie, Frequenz und Schwingen auszurichten hat.

Kapitel 2:

Alles ist Energie - Deine unsichtbare Wunderblase

„Realität ist eine Illusion, allerdings eine sehr hartnäckige.

Passen Sie sich der Frequenz der Realität an, die Sie sich wünschen,

und Sie kommen nicht umhin, sie zu bekommen.

Das ist keine Philosophie, das ist Physik."

(Albert Einstein)

Kapitel 2.1 Alles besteht aus Schwingungen

Wie bereits eingangs erwähnt, behauptete Max Planck bereits im 19. Jahrhundert, dass alles aus schwingenden Energien besteht, welche alles zusammenhalten. Weiter postulierte er, dass ohne die entsprechende Schwingung und Vibration sich die Energien nicht ins Grobstoffliche materialisieren lassen. Die Matrix ist demnach wie ein riesiges Netzwerk voller schwingender Atome, die wir mit bloßem Auge nicht erkennen können und doch alles verbindet, was auf dieser Welt und im Universum existiert.

Natürlich, wer kennt sie nicht, die Schwingungen, die tagtäglich von außen auf uns eintreffen? Seien es die Mobilfunkwellen, die Mikrowelle, das WLAN, der Elektrosmog, die HAARP-Anlagen etc. Auch diese existieren dauerhaft, obwohl wir sie nicht sehen können, genau wie unsere Energiefrequenzen. In der Regel wirken dieses Schwingen unterbewusst und werden von hellfühligen Lebewesen als unangenehm oder sogar krankmachend wahrgenommen. Selbst Straßenlärm hat eine bestimmte Schwingung, die in uns eher ein Gefühl von Stress auslöst, während natürliche Geräusche wie das Vogelgezwitscher am Morgen, das Summen der Bienen in der Blumenwiese und das Rauschen eines Baches für uns eher angenehm wirken und eine heilende Wirkung auf uns haben. Selbst diverse Musikfrequenzen haben die Fähigkeit, uns auf verschiedenen Bewusstseinsebenen heilen zu können, aber dazu gleich.

Auf der feinstofflichen Ebene, der Ebene der Atome, zählt nichts außer Schwingung und Energie. Alles ist aus dem gleichen Stoff geschaffen, jedoch auf verschiedenen Schwingungsebenen, um die Materie entsprechend zu formen. Wenn du dies einmal erfasst hast, erkennst du leicht, dass alles Schwingung ist, selbst deine Gedanken, deine Gefühle, das Licht, die Farben, die Töne, jede deiner Körperzellen, jedes Organ. Sogar der Hund deines Nachbarn - alles auf dieser Welt schwingt.

2003 brachte der Physiker Stephen Strogatz* ein Buch namens „Sync" heraus, in dem er viele, spannende Beispiele aus Physik, Biologie, Chemie und Neurowissenschaften beschrieb und festhielt, dass alle Dinge in einer bestimmten Frequenz schwingen. Eines seiner interessanten Beispiele waren Glühwürmchen einer bestimmten Spezies, die in großen Ansammlungen ihr Licht synchron miteinander erleuchten lassen. Ein anderes Beispiel belegt er mit der Rotation des Mondes, die genau mit der Umlaufbahn der Erde synchronisiert ist, sodass wir immer dasselbe „Gesicht" des Mondes sehen.

An dieser Stelle möchte ich noch einmal auf das Beispiel mit der Musik zurückkommen, denn sie ist ein gutes Beispiel dafür, dass auch unterschiedliche Schwingungen oftmals die Tendenz haben, sich zu synchronisieren – dies geschieht bestenfalls bei Musikbands und Chören, aber auch dem einzelnen Menschen selbst und der Musik, die gerade läuft. So kann beruhigend Musik durch ihre Schwingung erreichen, dass ein Mensch, der in einem Moment noch „auf 180" war, auf einmal zur Ruhe kommt und sich womöglich sogar erdet und zurück in seine harmonische Mitte findet. Welche Art von Musik hilft dir, dich zu entspannen?

Allerdings dürfen wir uns selbst dabei nicht außer Acht lassen, denn auch unsererseits braucht es die Bereitschaft dazu, sich bestimmten heilsamen Frequenzen anpassen zu wollen. Nehmen wir beispielsweise das Radio: Du möchtest heute einen bestimmten Sender mit der für dich gerade passenden Musik hören, also benötigst du zunächst einmal ein Radiogerät. Dieses Radio kann alle möglichen Signale diverser Sendestationen empfangen und diese Signale in Musik umwandeln. Willst du Rockmusik auf „100 FM" oder Electro auf „80 FM" hören, so musst du zunächst den Empfänger entsprechend anpassen, ansonsten wirst du eventuell mit Blasmusik oder „dem Wort zum Sonntag" beschallt.

Nicht anderes geschieht bei uns Menschen – es ist praktisch 1:1 übertragbar! Du bist nicht nur der „Zuhörer", sondern dein eigener Radioempfänger, dessen eigene Frequenz korrekt auf das Empfangen des Gesetzes der Anziehung einzustellen ist. Wir Menschen sind also zugleich Resonanzkörper aber auch Sender unserer eigenen Schwingungen. Dieses Gesetz interpretiert dann die eingehenden Frequenzen und richtet das Grobstoffliche, also alles, was diese Erfahrung schafft, entsprechend aus. Erst mit der richtigen Frequenz deiner eigenen Schwingung kannst du das Gewünschte empfangen und auch tatsächlich erleben. Doch was geschieht eigentlich mit uns, speziell mit unserem Körper, wenn die Frequenz mal nicht „stimmt"? Der russische Erfinder George Lakhovsky* fand heraus, dass Frequenzen im Körper, die nicht in Harmonie schwingen und gestört sind, sogar zu Krankheiten führen können und im Rückkehrschluss bestimmte Schwingungsfrequenzen die Power haben, zu heilen und zu harmonisieren.

Wer kennt es nicht? Auch wir fühlen uns in der Regel sehr zu Menschen hingezogen, die für uns liebevoll, mental stark und vor allem selbstbewusst wirken. Menschen, die schwach, unsicher, ungerecht und vom Charakter her fies wirken, stoßen uns dagegen ab. Und erstaunlicherweise kennt auch sicher jeder von uns die Situation, wenn es an der Tür klingelt und ein lieber und von uns hoch geschätzter Freund jemanden mitbringt und wir diesen noch Unbekannten liebend gern der gleichen Kategorie zuordnen oder ihn in einem bestimmten Licht sehen, da nur Gutes über ihn gesagt wurde. Im gegenteiligen Sinn: Ein für uns unangenehmer Mensch klopft an und hat jemanden dabei. Was machen wir? Obwohl wir diesem anderen, uns vielleicht noch völlig fremden Menschen vorher nie begegnet sind, stecken wir ihn in die gleiche „Unsympath-Schublade". Aber warum? Stellen wir uns einmal vor, dass die Energie, die wir sind und die uns umgibt, uns als eine Art energetische, unsichtbare Blase umgibt. Je nachdem, mit welchen hochenergetischen Teilchen diese „Blase" angefüllt ist, schimmert sie vielleicht in den schönsten Farben des Regenbogens (was für Hellsichtige immer eine große Freude anzusehen ist), während jene mit eher unlichten Energien eher dumpf wirken, vielleicht sogar dunkel und abwärts ziehend. Lass uns nun nochmals das Beispiel visualisieren mit dem sympathischen Freund, der uns besuchen kommt mit seinem Kumpel. Was kannst du vor deinem inneren Auge jetzt wahrnehmen? Die lichterfüllte, strahlende Blase umhüllt seine Begleitung und unser Gehirn interpretiert nun, dass auch der Freund des Freundes scheinbar eine ganz ähnliche Aura, eine ganz ähnliche Ausstrahlung hat.

An sich ist es immer wieder ein Wunder, wie wir jeden einzigartigen Moment mit unseren Sinnen auf so mannigfaltige, unterschiedliche Weise wahrnehmen können, wenn wir nur bewusst durchs Leben gehen. Je nachdem, was wir erleben, was uns „widerfährt" und welche Erfahrungen wir daraus ziehen, sehen wir die Welt ganz individuell. Und so nehmen wir wahr, dass Situationen, die bei einem vielleicht Stress und Panik hervorrufen, einen anderen Menschen so gar nicht negativ berühren oder triggern und dieser, ganz im Gegenteil, womöglich sogar völlig ruhig und entspannt damit umgeht, einfach weil er in seiner Mitte ruht und im Vertrauen ist.

Ein gutes Beispiel hierfür ist die tägliche Situation in einer Großküche. Während Menschen, die es nicht gewohnt sind, in Hektik und gefühlt „am Fließband" Essen zuzubereiten und à la Minute zu servieren, werden womöglich die Hände über den Kopf zusammenschlagen und einen Herzkasper bekommen, wenn sie sich hier aktiv mit einbringen müssten. Ständig laute Ansagen, Töpfe und Pfannen scheppern, Geschirr klirrt, die unterschiedlichsten Gerüche, das kann bei dem „Normalbürger" schon mal Stress hervorrufen. Anders dagegen empfinden es jene Menschen, die eine solche Atmosphäre tatsächlich gewöhnt sind. Sie gehen förmlich auf in dem Gewirbel von Töpfen und Pfannen, einfach, weil sie es lieben und Kochen vielleicht sogar ihre Berufung ist, die sie leben dürfen. Sie genießen, was sie tun und gehen förmlich darin auf. In welche der beiden „Realitätsblasen" würdest du jetzt gerne „eintauchen"?

Aber lass uns noch einmal auf unsere Erfahrungen zurückkommen. Abhängig davon, ob uns etwas Gutes oder Schlechtes widerfährt, hinterlässt das Erlebte ein bestimmtes Gefühl in uns, welches mit den jeweiligen Umständen verknüpft ist. So kann eine Situation, die wir vielleicht als Kind erfahren haben und die uns vielleicht sogar geprägt hat, uns auch heute noch triggern. Die Erinnerungen sitzen dermaßen tief, dass wir die dahinter liegende Energie noch heute wahrnehmen und die damit verbundenen Gefühle nicht vollständig loswerden können. Diese „Themen" holen uns immer wieder ein in unserem weiteren Leben und wir kämpfen oft regelrecht gegen diese Problematik an. Natürlich sind diese Trigger, diese gefühlten Probleme auch wieder hochgradig individuell und subjektiv. Die Gefühle, die wir aufgrund dessen wahrnehmen, tragen selbst ebenfalls eine bestimmte Frequenz, eine bestimmte Energiesignatur in sich und belasten uns so lange, bis wir bereit sind, uns diesen Gefühlen mit offenem Herzen zu stellen und in die Heilung zu bringen. Gleichzeitig denkt unser Gehirn durch verschiedene Trigger, dass uns dieselbe Situation aus der Vergangenheit wieder stattfinden kann und versucht uns durch diese Angstgefühle auch noch im Hier und Jetzt zu schützen, obwohl es nicht mehr nötig ist.

Kommen wir zu einem weiteren Beispiel: Wenn wir ständig im Angstmodus leben, ist unser Ego übermäßig aktiviert und geht in eine Art Verteidigungsmodus, weil es uns „schützen" will. Wir fühlen uns von allem getrennt. Dies wird oft so wahrgenommen, als befänden wir uns in einer Abwärtsspirale, aus der wir mit eigenen Kräften scheinbar nicht mehr allein herausfinden. Dieser Zustand wird „Lower Self" (dem niederen Selbst) genannt. Wenn wir jedoch bewusst durchs Leben schreiten und uns mit allem verbunden fühlen und die Liebe spüren, die uns umgibt, sprechen wir vom „Higher Self", unserem „Höheren Selbst". Wir fühlen uns wohl und geborgen. Der amerikanische Psychiater und spirituelle

Lehrer Dr. David R. Hawkins* veröffentlichte 1997 sein Buch „Die Ebenen des Bewusstseins", in dem er u.a. auch eine Bewusstseinsskala* mit aufführte. Nach seiner Skala kann man das „Higher Self" in eine hohe Ebene (Füllebewusstsein) und das „Lower Self" in eine niedrige Ebene (Mangelbewusstsein) einordnen.

Diese Skala entwickelte er mithilfe kinesiologischer Tests, indem er die unterschiedlichsten Ebenen des menschlichen Bewusstseins überprüfte. Schwingen wir in einer niedrigen Frequenz, so werden wir entsprechende Erlebnisse in unser Leben ziehen. Möchten wir also etwas Positives, etwas Besonderes zu uns bringen, sollten wir somit auch auf eben dieser positiven, hohen Frequenz schwingen, um unser persönliches Ziel zu erreichen.

Michael J. Losier*, der zunächst mit Neuro-Linguistische Programmieren (kurz NLP), positivem Denken und anderen Methoden arbeitete, beschäftigte sich später ebenfalls intensiv mit dem Gesetz der Anziehung und hat mir mit seinen Tools und Büchern bei der Verbesserung der Manifestation sehr gut helfen können. Er kreierte hierzu einen „Kreis", welchen ich dir kurz darstellen möchte. Er erklärt dazu, dass ein Gefühl eine bestimmte Vibration auslöst:

1. Ich selbst bin stets der Beobachter dessen, was ich im Leben erfahre (positiv wie negativ) z. B. in Bezug auf meine Gesundheit, Beziehungen, die Arbeit und das liebe Geld.

2. Während ich diese Erfahrungen beobachte, sende ich automatisch eine bestimmte Frequenz aus.

3. Das Gesetz der Anziehung antwortet auf diese Frequenz (positiv sowie negativ, je nach Erfahrung).

4. Das Grobstoffliche reagiert auf das Feinstoffliche und der Kreis schließt sich. Sobald ich meine Aufmerksamkeit wieder auf ein bestimmtes Thema lenke, geht alles wieder von vorne los.

Kapitel 2.2 Chakren – Deine Energiezentren

Für den Fall, dass du eventuell noch nicht allzu viel über Chakren, deren Ursprung und ihren Wirkungsweisen erfahren hast, möchte ich dich an dieser Stelle abholen und dir vorerst erläutern, womit wir es hier genau zu tun haben. Aber keine Sorge, dich erwartet kein „esoterischer Quatsch", sondern ich möchte dich ein wenig mehr in die wundersame, feinstoffliche Welt entführen.

Was genau sind denn nun eigentlich Chakren? Vielleicht hast du diesen Begriff schon einmal gehört. Nun, in den letzten Kapiteln sprachen wir ja bereits sehr viel über Energien und dass alles seinen Energiekörper, seine ganz eigene Energiesignatur aufweist. Die feinstofflichen Energiekörper durchdringen unseren Körper über die Meridiane. Dies sind feine, unsichtbare, miteinander verbundene Energiekanäle, die auch als Nadis bekannt sind. Wie durch unsere Adern und Venen das Blut fließt, so fließt durch diese Nadis unsere Lebensenergie (Prana, Chi, Qi …). Sie transportieren das Prana zu unseren Organen und steuern unseren physischen Körper.

An bestimmten Stellen (Knotenpunkten) kreuzen sich diese Nadis und bilden energetische Zentren, die sogenannten Chakren. Von diesen Chakren (Energiezentren) gibt es tatsächlich viele in unserem Körper. Doch möchte ich an dieser Stelle lediglich die sieben Hauptchakren erwähnen, da sie eine ganz besondere Bedeutung haben und für das ganze Spektrum unserer Lebensthemen stehen. Biologisch betrachtet werden diese Energiezentren vom autonomen Nervensystem gesteuert (ANS). Es steuert alle automatischen Prozesse im Körper wie z. B. die Blutzuckerregulierung, den Herzschlag, die Hormone, die Körpertemperatur und die Verdauung. Im Sanskrit wird das „Chakra" (Einzahl von Chakren) wie folgt übersetzt: Rad, Kreis, Diskus. Und so können wir uns diese Chakren tatsächlich, wie Energieräder vorstellen, die in ständiger Kreisbewegung rotieren, mal im Uhrzeigersinn, mal links herum. Zudem schwingt jedes Chakra in einer anderen Farbe und hat jeweils seinen ganz eigenen körperlichen Bezug. Die unteren Chakren schwingen in der Regel etwas langsamer. Ihnen werden die Emotionen und Grundbedürfnisse zugeordnet. Die oberen Chakren schwingen schneller und vor allem auch höher und entsprechen unseren spirituellen Fähigkeiten.

Im Folgenden führe ich dir nun die bereits erwähnten 7 Hauptchakren auf und welche Farbe ihnen zugesprochen wird:

Die 7 Hauptchakren

1. Wurzelchakra

Das Wurzelchakra, auch bekannt als „Basis Chakra" leuchtet in der Farbe rot und sitzt auf Höhe deines Steißbeins, am Beckenboden zwischen Anus und Genitalien. Es ist zuständig für die Erdung, den Mut, die Lebens- und Willenskraft, für die Wirbelsäule, Knochen, Beine, Darm, Blut und Rektum.

2. Sakralchakra

Das Sakralchakra, auch bekannt als „Sexualchakra", leuchtet in der Farbe orange und sitzt beim Bauchnabel bis oberhalb zum Schamhaar. Es ist zuständig für die schöpferische Kraft, Sexualität, Lust, Lebensfreude, Sinnlichkeit und Partnerschaft, für den Unterleib und die Fortpflanzungsorgane, die Nieren und die Verdauung.

3. Solarplexuschakra

Das Solarplexuschakra, auch als „Nabelchakra" bekannt, leuchtet in der Farbe gelb und sitzt zwischen Bauchnabel und Brustbein in der Körpermitte. Es ist zuständig für die Intuition, dein Selbstwertgefühl, innere Unabhängigkeit, Entscheidungsfähigkeit und ausgeglichene Emotionen, Leber, Magen und Galle.

4. Herzchakra

Das Herzchakra leuchtet in der Farbe grün und sitzt in der Brustmitte, leicht über deinem Herzen. Es ist zuständig für die Liebe, Heilung, Harmonie, inneren Frieden, Herzlichkeit, Gefühl, Vergebung und Güte.

5. Kehlchakra

Das Kehlchakra, auch als Halschakra bekannt, leuchtet in der Farbe hellblau und sitzt in deiner Halsmitte. Es ist zuständig für deine Kreativität, Freundlichkeit, Aufgeschlossenheit, Umsetzung von Ideen, Ausdrucksfähigkeit und Kommunikation.

6. Drittes Auge

Dein Stirnchakra, auch als Ajna oder Drittes Auge bekannt, sitzt auf deiner Stirn, etwas oberhalb zwischen deinen Augenbrauen. Es leuchtet in einem indigoblau und ist zuständig für deine Intuition, deine Weisheit sowie dein Vertrauen und die Bewusstheit. Diesem Chakra werden außerdem übersinnliche Wahrnehmungen zugesprochen.

7. Kronenchakra

Das Kronenchakra, auch als Scheitelchakra bekannt, leuchtet in der Farbe violett und golden. Es sitzt oberhalb deines Kopfes und du kannst es dir wie eine Krone vorstellen, die über dem Körper schwebt. Es ist zuständig für die Verbindung zu dem Göttlichen, dem Höheren.

Wenn unsere Chakren allesamt im Gleichklang arbeiten, erfreuen wir uns der besten Gesundheit. Durchleben wir jedoch gerade besondere Lebensumstände, die sich für uns nicht gut anfühlen (Angst, Trauer, Stress etc.) oder nicht unserem Seelenplan entsprechen, gerät oftmals zumindest eines dieser Chakren in ein Ungleichgewicht, da unsere Energie dann in einer niedrigeren Frequenz zu schwingen beginnt. Eventuell beginnt es damit, sich unharmonisch zu drehen oder es ist sogar ganz und gar blockiert. Spätestens jetzt fühlen wir uns krank und nach kurzer Zeit kann sich dieses negative Gefühl auch in unserem Körper manifestieren und tatsächlich auch als Krankheit im Außen zeigen. Hier erkennen wir, dass es äußerst wichtig ist, sein Bewusstsein, den Energielevel und die Chakren in ihrem reinen Energiefluss zu pflegen und zu stärken, denn dies spiel eine entscheidende Rolle für das Gesetz der Anziehung. Außerdem ermöglicht es den Chakren, den jeweiligen Aufgaben nachzugehen und somit unser Leben deutlich aufzuwerten.

Aus neurowissenschaftlicher Sicht erklärt Dr. Joe Dispenza sogar, dass jedes Chakra eine eigene Frequenz besitzt, eigene Hormone, Drüsen und Neuronengeflechte" (wie eine Art „Mini-Gehirn" mit eigenem Bewusstsein). Und dank dieser „Mini-Gehirne" besitzen wir die Möglichkeit, unsere Gedanken und Gefühle die jeweiligen Energiezentren entsprechend zu aktivieren. Hierbei werden dann die dazugehörigen, neurologischen Geflechte stimuliert und der Körper sendet eine bestimmte Energie aus, die spezifische Absichten des Energiezentrums trägt. Wenn wir also einen bestimmten Gedanken denken, wird nicht nur eine Emotion erzeugt, sondern dadurch auch eine elektromagnetische Ladung, welche stets ein elektromagnetisches Feld um uns herum erzeugt. Das zum Thema dazugehörige Chakra empfängt unsere Gedanken und Gefühle, es werden bestimmte Chemikalien und Hormone ausgeschüttet und durch die erhöhte Energiezufuhr arbeitet das Chakra entsprechend stärker und unterstützt uns so bei unseren Vorhaben. Aus diesem Grund ist es so wichtig, für das Gesetz der Anziehung nicht nur zu denken, sondern auch das dafür entsprechend hilfreiche Gefühl zu fühlen. Um deine Chakren wieder ins Gleichgewicht zu bringen, habe ich dir außerdem eine Meditation im Buch vorbereitet.

Wir erinnern uns: 1. Wahrnehmen 2. Denken 3. Fühlen 4. Energie!

Kapitel 2.3 Die Herzkohärenz

Ich möchte dich nun einladen, dein eigenes Herzchakra ein wenig näher zu betrachten, denn dieses Energiezentrum hat einen besonders großen Einfluss auf deine Energie. In deinem wundervollen Herzen ist eine neuronale Struktur angelegt, die dem Gehirn sehr ähnlich ist. Sicher kennst du das berühmte Zitat von Antoine de Saint-Exupéry*: *„Man sieht nur mit dem Herzen gut. Das Wesentliche ist für die Augen unsichtbar."* Nicht ohne Grund erkannten die Ureinwohner (Indianer) und viele Gurus sehr schnell, wie wichtig es ist, seinem Herzen zu folgen. Doch was genau steckt dahinter?

Unser Herz, dieses starke und doch so sensible Organ ist so viel mehr als nur eine mechanische Pumpe, die dafür sorgt, dass das Blut durch unsere Adern fließt. In vielen Weltkulturen steht das Herz deutlich im Mittelpunkt, in der traditionellen chinesischen und ayurvedischen Medizin wird es sogar als das wichtigste, intelligenteste Organ angesehen. So steht in der Bhagavad Gita (verkürzt auch nur Gita, ist eine der zentralen Schriften des Hinduismus) geschrieben, dass das „Himmlische" die Seele der Welt sei und im Herzen jedes Wesens zu finden ist. Die Kabbala geht sogar noch einen Schritt weiter. Hier steht geschrieben, dass jeder Mensch ein Universum an sich im Kleinen ist! Schauen wir uns das noch etwas wissenschaftlicher an:

Die Wissenschaft nutzt u.a. den Begriff „Herz-Gehirn", denn dieses steht in vielfältigem Wege in Kommunikation mit unserem Kopf-Gehirn. Das Herz sendet fortwährend Informationen an das „Kopf-Gehirn". Herz und Gehirn kommunizieren quasi miteinander. Hast du gewusst, dass das komplexe Nervensystem unseres Herzens ca. 40.000 Neuronen enthält? Neuronen sind Zellen, die mit Hilfe von elektrischen und chemischen Signalen Informationen aufnehmen. Diese werden über die sogenannten Nervenbahnen transportiert. Die Nervenbahnen aus dem Herzen erreichen das Kopf-Gehirn an der Medulla oblongata (das verlängerte Mark oder Markhirn), laufen dann weiter bis in die höheren Zentren des Gehirns und haben offenbar einen großen Einfluss auf die Amygdala, ein äußerst wichtiges Zentrum für Instinkte, Emotionen und Angst. Interessant ist dabei, dass das Herz-Gehirn offenbar völlig eigenständig denken kann – unabhängig von Gehirn und Nervensystem. Deswegen nennt man es auch das 2. Gehirn. Vom Herzen selbst geht ein elektromagnetisches Feld aus, welches stärker ist als das von unserem Gehirn. Wie das HeartMath Institute* herausgefunden hat, ist die elektrische Komponente 60x und die magnetische sogar bis zu 5.000x stärker. So theoretisch diese Informationen momentan vielleicht sind, sie sind doch ausgesprochen wichtig für die Wunscherfüllung aufgrund der hohen Energie!

Dieses Herz-Feld pulsiert und sendet komplexe rhythmische Muster durch den ganzen Körper, wodurch es offenbar eine Vielzahl von Prozessen beeinflusst. Auch unser Gehirn synchronisiert sich immer wieder auf diesen elektromagnetischen Puls des Herzens. Wenig überraschend ist es da, dass Forscher des HeartMath Instituts herausgefunden haben, dass negative Emotionen ein sehr gestörtes, unharmonisches Muster und niedrige Energie hervorrufen, während, Liebe, Freude und positive Emotionen sehr harmonische, rhythmische und gleichmäßige Felder und somit hohe Energien erzeugen, was man anhand von einer Spektralanalyse des Herz-Feldes nachweisen konnte. Durch diese Synchronität erhalten wir die sogenannte „Herzkohärenz". Der Herzrhythmus ist im Einklang mit dem physiologischen Körpermechanismus. Du fühlst dich entspannt, glücklich, energetischer und klar im Kopf. Entspannung und Freude synchronisieren auch deinen Atem und den Blutdruck. Der Cortisolspiegel sinkt.

Somit könnte das Herz-Feld das synchronisierende Signal für den ganzen Körper bereitstellen. Auf dieses Signal können wir uns dann bewusst einstimmen, um in Harmonie mit unserem Herzen zu schwingen. Diese Theorie wird auch von David Servan-Schreiber* vertreten. Er beschreibt das Geheimnis hinter mehr Ausgeglichenheit, dem höherem Wohlbefinden, der höheren Aufmerksamkeit und der besseren Konzentration in der Herzkohärenz wie folgt: Herz und Hirn kommen wieder „ins Gespräch" und sobald wir unser Inneres unter Kontrolle haben, gelingt uns das Leben auch im Austausch mit der Außenwelt und wir werden robuster.

Aber auch aus biologischer Sicht hat das Herz weit mehr Aufgaben als nur zu pumpen. Bereits in den achtziger Jahren veröffentlichten Marc Cantin and Jacques Genest das Werk „The Heart as an Endrocrine Gland" und klassifizierten das Herz erstmals als eine Hormondrüse. Im Nervensystem des Herzens werden genau wie im Gehirn verschiedene Neurotransmitter und Hormone ausgeschüttet, die Einfluss auf den ganzen Körper haben. Noradrenalin, Dopamin und Oxytocin sind die wichtigsten dieser Hormone, wobei Oxytocin vor allem deshalb interessant ist, weil es als das „Liebes-Hormon" gilt, das maßgeblich Mutterliebe, Verbundenheit, Toleranz, Verständnis und soziales Verhalten beeinflusst und somit eine sehr hohe Energie in sich trägt.

In wissenschaftlichen Studien wurde herausgefunden, dass die Schwingungen unseres Herzrhythmus kohärenter und konsistenter sind, wenn wir Gefühle der Wertschätzung, der Liebe und des Mitgefühls erleben. Diese Kohärenz* wird ebenso mit einer besseren, emotionalen Stabilität und von Spitzenzuständen der Achtsamkeit in Verbindung gebracht. Beachtlich dabei ist, dass dieses Feld des Herzens noch mehrere Meter von unserem Körper messbar ist und sogar das Nervensystem anderer Menschen beeinflussen kann. Unser Herz ist somit in der Lage, das Herz anderer Menschen anzustecken und „mitzureißen". Kohärenz ist wie eine Welle der Frequenz: Wenn man Wut spürt, dann schickt das Herz inkohärente Signale, wenn wir uns dankbar fühlen, sendet das Herz kohärente Signale in die Welt. Dies spüren wir und unsere Mitmenschen auch – mehr oder weniger bewusst. Wenn wir zudem noch wissen, dass unser Herz das größte elektromagnetische Feld aller Organe des Körpers aussendet, liegt es doch nahe, dass wir dieses Feld im Positiven für uns nutzen können, indem wir es entsprechend beeinflussen.

Obwohl wir uns gerade im theoretischen Teil dieses Buches befinden, möchte ich dich nun einladen, eine kleine Übung mit mir durchzuführen, um das bisher Gelernte besser zu verdeutlichen und vor allem zu verinnerlichen:

1. Übung - Kohärenz

1. Suche dir einen Platz, an dem du für mindestens 20 Minuten ungestört bist und stelle dein Telefon auf lautlos. Erlaube dir einfach eine kleine Auszeit und wenn du magst, zünde eine Kerze an. Setze dich in eine für dich angenehme Position. Dein Rücken ist gerade. Nun schließe deine Augen und atme für eine Minute jeweils fünf Sekunden tief ein und danach fünf Sekunden aus, um dich schon einmal in den „Basic State" (Grundzustand) der Kohärenz zu begeben. Zwischen den Atemzügen sollten dabei keine Pausen eingelegt werden.

2. Richte beim Einatmen deine Aufmerksamkeit auf deinen Kopf und beim Ausatmen auf dein Herz. Wenn es dir leichter fallen sollte, kannst du auch gern das Wort „Liebe" dabei denken oder dir bildlich jemanden vorstellen, den du über alles liebst. Lege danach bewusst deine Hände auf dein Herz und spüre hier aufmerksam deinen Herzschlag für einige Atemzüge.

3. Nun denke bitte an einen Menschen in deinem Leben, den du über alles liebst oder erinnere dich an einen Moment in deinem Leben, an dem du überglücklich warst. Dies erhöht deine Kohärenz noch weiter. Fühl dich richtig in diesen Moment hinein und erlebe ihn mit all deinen Sinnen noch einmal ganz klar und bewusst. Zur Erleichterung stelle ihn dir bildlich vor ... Was hast du gesehen? Wer war in diesem Moment mit dir dort? Waren Geräusche zu vernehmen? Was hast du vielleicht gerochen? Wie sah die Umgebung aus? Während du dir diese Fragen stellst, atme einfach tief und bewusst weiter ... Fühlst du den Unterschied in deinem Herzen? Welche Temperatur hat dieses Gefühl?

4. Wichtig ist, dass du weiterhin im Takt fünf Sekunden ein und dann wieder ausatmest, ohne dass du Pausen dazwischen machst. Wenn du die kleine Übung beendet hast, bleibe noch einen Moment ruhig sitzen, beobachte deinen Atem, öffne langsam deine Augen und komme in deinem Tempo frisch und ausgeruht zurück in deinen Tag.

In diversen Studien von Rollin McCraty* und anderen wurde herausgefunden, dass die hier vorgestellte Atemtechnik viele gesunde Nebeneffekte mit sich bringt, wie zum Beispiel die Reduktion von Stresshormonen, die Senkung von Blutdruckwerten und ein geringeres Stressempfinden von Bluthochdruckpatienten. Für die Herzkohärenz ist ein regelmäßiger, gleichbleibender Atemtakt sowie die Gedanken an etwas Positives von besonderer Wichtigkeit. Meditationen, die sich speziell auf die Herzkohärenz beziehen, können einen besonders bewussten und emotional erhöhten Bewusstseinszustand erzielen. Durch Dankbarkeit und positive, liebevolle Gedanken und die Atmung durch das Herzzentrum, beginnt dein Herz immer mehr Energie zu erhalten, sodass du dadurch entspannter und offener wirst und aus dem Überlebens-Modus heraustrittst (mehr zum Überlebensmodus findest du im nächsten Kapitel). Dein Herz spricht zu deinem Gehirn und versucht, das analytische Denken zu stoppen und aus der sich selbst begrenzenden Denkweise auszutreten. Somit wird sowohl deine Kreativität als auch dein Bewusstsein zusätzlich gefördert.

Fazit: Um deine Wünsche tatsächlich erfüllen zu können, ist es wichtig, dass du positive Gefühle in deinem Herzen erhöhst und fühlst. Konzentriere dich z. B. auf das Gefühl der Dankbarkeit oder der Freude, die du in deinem Herzen wahrnimmst, denn so löst sich jede Blockade und deinen Herzenergie fließt ungehindert und wirkt wie ein starker Magnet. Zudem zeigt dir dein Herz, was du wirklich willst. Das Gefühl der Liebe gehört zum „Higher Self" und schwingt somit in einer hohen Frequenz. Dies ist für das richtige Manifestieren von großer Bedeutung. Später im großen Praxisteil wirst du dann weitere hilfreiche Übungen hierzu finden.

Kapitel 2.4 Quantenheilung und Magie

Auf diesen Teil des Buches freue ich mich besonders! Was gibt es Schöneres, als sich Heilung und Magie in sein Leben zu holen?! Im Kapitel 1 beschäftigten wir uns ja bereits mit der Quantenphysik und erhielten Erkenntnisse darüber, dass alles aus Energie besteht. Aufgrund dieser Fakten entwickelten bereits in den 80ern und 90ern der US-amerikanische Chiropraktiker Frank Kinslow und der Endokrinologe und Internist Deepak Chopra eine neue Heilungsmethode: die Quantenheilung. Gemäß den wissenschaftlichen Grundlagen der Quantenphysik (siehe Kapitel 1) sind die Energiefelder des Körpers auf der sogenannten Quantenebene (feinstofflichen Ebene) geordnet.

Deepak Chopra*, einer der weltbekannten Vertreter der indischen Ayurveda-Heilung, vertritt die Meinung, dass „die Heilung eines Patienten mit der Heilung seiner Wirklichkeit beginnt". Weitere Vertreter der Quantenheilung behaupten, dass diese Methode schon so alt sei, wie die Menschheit selbst und bereits von den Urvölkern praktiziert wurde. So praktizieren beispielsweise die hawaiianischen Schamanen, die „Kahunas", die Technik der Quantenheilung unter dem Namen „Kahi". Dieser Begriff bedeutet: KA = Bewegung und HI = Fließen.

Serge Kahili King*, Doktor der Psychologie und ebenfalls hawaiianischer Schamane, beschreibt KAHI als eine „magische Berührung", bei der ein Kraftzentrum mit einem Lösungspunkt verbunden wird. Dies ist eine 2-Punkt Methode, bei welcher 2 Punkte am Körper, den sogenannten 2 Resonanzpunkten, einen heilenden Kanal erschaffen. Der zu behandelnde Klient äußert vor der Heilsitzung ein Thema, das er heilen oder eine Absicht, die er loslassen will. Daraufhin berührt der Schamane oder Therapeut intuitiv zwei Punkte am Körper des Klienten, wodurch ein Kanal geöffnet wird und ein heilender Energiestrom hindurchfließt, der das Thema kollabieren lässt. In der Regel spürt der Klient eine wellenartige Bewegung, die durch seinen Körper fließt. Im Anschluss an die erfolgreiche Kanalöffnung werden Emotionen, Reaktionen etc. abgefragt und dahingehend weitere Resonanzpunkte gesetzt, bis der Klient sich rundherum wohlfühlt. Dies knüpft an der Quantenphysik an: Wenn ein altes Muster kollabiert, wird Platz geschaffen für eine neue, heilsame Ordnung. Ein wundervolles Beispiel dafür, dass alles Energie ist.

Vielleicht fragst du dich jetzt, was all das mit „Magie" zu tun hat, wenn doch so viel Wissenschaftliches dahintersteckt? Nun, ursprünglich stammt das Wort „Magie" aus dem Altgriechischen und bedeutet tatsächlich – wie hätten wir es anders gedacht - Zauberei. Der Begriff selbst ist hierbei eine Ableitung der altiranischen Bezeichnung „Mager". Bereits im 4. Jahrhundert vor Christus wurden zoroastrischen Priester so genannt. „Mager" wiederum entstammt sprachwissenschaftlich dem indogermanischen „magh" und bezeichnet die Attribute „helfen, können, vermögen". Die Magie wurde u.a. zur Beeinflussung der Natur, zur Heilung und zum Wohlergehen der Gemeinschaft praktiziert.

Frank Kinslow* beschreibt die Quantenheilung, angelehnt an die Quantenphysik, wie folgt: „Durch die Quantenheilung entfaltet sich durch das Lösen der energetischen Blockaden das wahre Bewusstsein, die Quelle aller Schwingungen. Es ist die potenzielle Ordnung und Energie hinter jeder Form. Wenn wir – theoretisch – in der Lage wären in ein disharmonisches System reines Bewusstsein einfließen lassen zu können, dann würde daraus die vollkommene Ordnung ohne Nebenwirkung entstehen. Dieses Verfahren nennen wir Quantum Entrainment (QE oder auch Quantenheilung)."

Damit all diese Informationen auf dich nachhaltig einwirken können, möchte ich dich nun einladen, eine weitere Meditationsübung zu erproben, die von Frank Kinslow entwickelt wurde:

2. Übung – Gedanken anhalten

1. Setz dich bequem und aufrecht hin und schließe deine Augen.

2. Beobachte deine Gedanken und schaue, zu welchen Themen, Gefühlen sie dich führen. Schau genau, wie sie kommen und gehen, mach dies circa 10 Sekunden.

3. Jetzt stellst du dir folgende Frage: „Woher kommt mein nächster Gedanken?" Was ist passiert? War da eine kurze Pause während meines Denkens, während ich auf den nächsten Gedanken gewartet habe? Hast du einen Raum zwischen deiner Frage und dem nächsten Gedanken feststellen können?

   Wiederhole diese ersten drei Schritte zweimal.

4. Deine Augen bleiben geschlossen, du beobachtest weiterhin, was dir durch den Kopf geht. Nun stellst du dir folgende Frage: „Konnte ich ein Zögern zwischen meinen Gedanken feststellen oder eine Pause zwischen den Gedanken?"

   Wenn du achtsam warst, konntest du sicher feststellen, dass dein Verstand darauf gewartet hast, dass etwas passiert. In diesem Moment hast du dich vollkommen in der Gegenwart eingefunden.

5. Frag dich als nächstes: „Welche Farbe hat mein nächster Gedanke?", „Wie riecht mein nächster Gedanke und wie sieht er aus?". Atme weiterhin ruhig weiter.

Wiederhole diese Übung für zwei bis drei Minuten und stelle dir die oben genannten Fragen circa alle 15 Sekunden immer wieder. Nimm sie als Leitfaden für deine Achtsamkeitsübung. Achte genau darauf, wann die Gedankenlücke auftaucht und suche nach ihr, wenn diese Lücke von Stille wieder verschwindet. Du wirst nach einigen Minuten dieser Übung spüren, dass sich dein Körper automatisch entspannt. Ich empfehle dir, während des Tages diese Meditation immer wieder einmal für eine Minute durchzuführen und dir alle 15 Sekunden eine neue Frage stellen, um diese Gedankenpause zu trainieren und dir deinen Gedanken immer bewusster zu werden. Dies hat zur Folge, dass du weniger Stress hast und dich besser fühlst. Der Gedanke selbst ist dabei in dieser Übung egal, aber die Achtsamkeit und die bewusste Wahrnehmung ist wichtig, die stille Lücke der Gedanken ist genau das, was wir hier erkennen und erleben wollen.

Dean Radin*, ein bekannter Parapsychologe, leitender Wissenschaftler des Institutes of Noetic Science (IONS) und Forscher an der Princeton Universität, ist der Meinung, dass Magie kein Hokuspokus sondern wahre Wissenschaft ist, was er in seinem Buch „Real Magic: Ancient Wisdom" begründet. Er stellt die Behauptung auf, dass jeder Mensch auf diesem Planeten Magie für sich kreieren kann. Laut ihm sind magische Fähigkeiten wie Telepathie und Hellsehen etc. durchaus möglich, auch wenn wir es in der grobstofflichen Ebene vielleicht nicht bewusst wahrnehmen können. Er führt weiter an, dass Magie ein natürlicher Aspekt der Realität ist. Dean Radin hat mehr als 40 Jahre damit verbracht, Experimente durchzuführen, die beweisen, dass die eigene Intuition mächtiger ist, als wir bisher dachten und viel mehr Kraft in uns steckt, als wir annehmen. Erwähnenswert ist auch, dass er an dem Projekt „Stargate" teilgenommen hat, einem Spionageprogramm des FBIS, wo mit Hilfe des Hellsehens gearbeitet wurde. Er sagt außerdem, dass „Magie" als „Zukunft der Wissenschaft" verstanden werde.

Magie ist also kein Hokuspokus, sondern wird auch von führenden Wissenschaftlern mit Experimenten erklärt. Dies zeigt somit die immense Kraft unseres Unterbewusstseins und wiederum, dass alles energetisch ist.

Kapitel 2.5 Gesegnetes Essen und Energietransfer

Uns ist bekannt, dass in vielen religiösen Ritualen das Wasser, Wein und Brot gesegnet werden. Doch was genau meint „gesegnet"? Die Segnung ist ebenfalls eine Form der Energieübertragung. Mittlerweile gibt es unzählige Experimente, die die Übertragung von Energien wissenschaftlich bestätigen. So hat Dean Radin mit zwei weiteren Forschern in einer randomisierten Doppel-Blindstudie 62 Teilnehmern in 4 verschiedenen Gruppen zweimal täglich Schokolade gegeben. Eine Woche lang wurde die Stimmung der Probanden jeden Tag dokumentiert. In drei der vier Gruppen wurde die Schokolade auf verschiedene Art und Weise gesegnet. Das Statement der Segnung war: „Die Person, die diese Schokolade konsumiert, wird optimale Gesundheit auf mentaler, körperlicher und emotionaler Ebene manifestieren und sich gut und energetisch fühlen." Dies wurde durch Buddhisten, erfahrende Meditierende und einem Schamanen durchgeführt. In der vierten Gruppe erhielten die Probanden Schokolade ohne Segnung. Das Resultat war folgendes: Am 3. Tag stiegen die Laune und das Wohlbefinden signifikant an, im Vergleich zu der Kontrollgruppe, die keine gesegnete Schokolade erhielten.

Ein anderes Experiment führte die Universität of Regina durch. Hier wurde ein Entspannungsprogramm angeboten, bei dem verspielte Welpen gestresste Studenten erfolgreich mit der positiven Energie ausbalancierten und das Stresslevel sank. Diese Studie wurde u.a. auch mit kranken Personen, Kindern, Menschen mit Handicap durchgeführt. Und auch hier konnte wieder eine Übertragung der Energien/ Schwingungen festgestellt werden. Ähnliche, positive Ergebnisse gab es auch mit dem Wässern von gesegneten Samen der Arabidopsispflanze (Schaumkresse). Wie beim Schokoladenexperiment wurde das Wasser mit positiven Affirmationen gesegnet und es stellte sich heraus, dass die Samen, die mit dem gesegneten Wasser begossen wurden, eine höhere Konzentration an Chlorophyll und Anthocyanin aufwiesen, welche mit einer Verbesserung für unsere Gesundheit in direktem Zusammenhang stehen.

Kapitel 3:

Die Sieben Gesetze Des Universums

Kapitel 3.1 Die sieben Gesetze erklärt

Wir werden zu jeder Sekunde unseres Lebens durch die universellen Gesetze emotional und geistig geordnet und wenn wir lernen, nach ihnen zu handeln, fällt uns das Leben und Manifestieren noch leichter. Hier ist es also wichtig, nicht nur „das Gesetz der Anziehung" zu beleuchten, sondern all die anderen Gesetze ebenso. Sie zeigen deutlich, dass es eine göttliche Kraft in uns gibt, die uns leitet. Erst wenn wir diese auch tief in unseren Herzen verinnerlicht und „begriffen" haben, ist es deutlich einfacher, nach ihnen zu handeln und unsere Wünsche zu erfüllen.

Betrachten wir uns diese universellen Gesetze also einmal genauer: Sicher hast du bereits einmal von den „7 hermetischen Gesetzen" gehört, die, obwohl inzwischen weltweit überliefert und diskutiert, immer noch keine Erwähnung in den hermetischen Schriften („Corpus Hermeticum") finden. Bekannt wurden die hermetischen Gesetze erst durch die Schrift „Kybalion*".

Im Folgenden sind diese Gesetze aufgelistet:

Das Gesetz der Geistigkeit – Dieses Gesetz besagt, dass alles erst einmal aus der Geistigkeit erschaffen wird. Dies bedeutet, dass jedes materielle Ergebnis erst einmal auf Geistesebene, auf der feinstofflichen Ebene existieren muss. Wie bereits erklärt, formen die Gedanken die Realität. Deswegen ist es wichtig, dass du durch das Gesetz der Geistigkeit verstehst, wie wichtig die Art deiner Gedanken und deine Lebenseinstellung ist. Werde in deiner inneren Welt zu dem, was du in deiner äußeren Welt erschaffen möchtest.

Das Gesetz der Resonanz (Entsprechung) – Hier geht es einen entscheidenden Schritt weiter, denn dieses Prinzip besagt, dass du in dir das sein musst, was du dir im Außen wünschst, da Gleiches immer Gleiches anzieht. Möchtest du beispielsweise mehr Freude und Fülle in deinem Leben haben möchtest, dann sei mehr Freude und Fülle.

Das Gesetz der Schwingung – Wie im ersten Kapitel beschrieben, besteht alles in diesem Universum aus verschiedenen Schwingungen. Nimm die innere Haltung ein, dass das, was du möchtest, bereits längst da ist und fühle dich hinein. In diesem Moment schwingst du auf dieser Frequenz von Fülle, statt die Frequenz des Mangels zu „füttern".

Das Gesetz der Polarität – Wisse, du kannst immer zwischen den Polen hin und her wandern, alles hat zwei Pole und seine Gegensätze. Beispielsweise: Kalt und heiß, gut und böse, krank und gesund, hell und dunkel, laut und leise… Durch diese Polarität können wir vieles erst wahrnehmen und schätzen. Wenn uns etwas nicht gefällt, sollten wir nach dem Gegenteil schauen und dann zu diesem Pol streben.

Das Gesetz des Rhythmus – Alles in diesem Universum geschieht in verschiedenen Zyklen. Die Jahreszeiten, Tag und Nacht, Atmung, Schlaf und Wachheit... Dafür solltest du Verständnis schenken, denn alles hat seine Zeit, alles hat seine Blütezeit und ist in ständiger Bewegung. Achte auf deine persönlichen Zyklen und lebe mit ihnen, nicht gegen sie.

Das Gesetz von Ursache & Wirkung – Jedes Ereignis hat eine Wirkung und eine Konsequenz. Wenn du dich also das nächste Mal über etwas beschweren solltest, was nicht in dein Traumleben passt, hinterfrage wo es herkommen könnte, und ändere diese Ursache und den Kern im Innen und im Außen.

Das Gesetz des Geschlechts – Jeder von uns trägt sowohl weibliche als auch männliche Energie in sich. Beide Anteile haben Dynamiken, die wir benötigen, um sich zu entfalten. Versuche also, diese in dein Leben zu integrieren und nicht zu unterdrücken.

Diese „Gesetze", einmal verstanden, sind sehr einfach in der Umsetzung. Viele Kulturen wenden sie bereits seit Jahrtausenden intuitiv an, so zum Beispiel auch die Hawaiianer. Sie praktizieren „Ho'oponopono", was so viel wie „in Ordnung bringen" bedeutet und sich auch nach den universellen Gesetzen richtet. Es ist ein traditionelles Verfahren der Hawaiianer zur Aussöhnung und Vergebung und besteht aus lediglich 4 einfachen Sätzen:

1. Es tut mir leid.

2. Bitte verzeih mir.

3. Ich liebe dich.

4. Danke.

Diese einfache und vor allen Dingen effektive Methode bietet dir die Möglichkeit, persönliche Probleme und Konflikte zu lösen und Harmonie in deine Beziehungen und in dein ganzes Leben zu bringen. Ho'oponopono wurzelt auf dem Resonanzprinzip, dem Gesetz der Anziehung. Während der Durchführung dieser Methode erkennen wir unseren eigenen Anteil an bestehenden Konflikten. Wir lernen, uns selbst und anderen zu vergeben und uns so von allem Ärger zu befreien. Wir löschen somit Emotionen, die uns bis dahin belasteten und lösen Glaubenssätze, Muster und Überzeugungen, die uns nicht mehr dienlich sind, auf. So finden wir zurück auf unseren Weg zur Harmonie und damit zu innerem und äußerem Frieden. Ich gebe dir nun ein kleines Beispiel, wie du Ho'oponopono* in der Praxis anwenden kannst: Nehmen wir einmal an, dass du als erwachsender Mensch noch immer unter einer Situation leidest, die dir in deiner Kindheit widerfahren ist. Vielleicht wurdest du einst nie von deinem Vater beachtet, respektiert oder gewürdigt. Statt dir die Aufmerksam zu schenken, die du dir als Kind von ihm gewünscht hast, war sein Verhalten so, dass du dich von ihm vollkommen „übersehen" fühltest, vielleicht gab er dir (in dem Stress und den Sorgen, die er womöglich selbst zur Genüge hatte) sogar das Gefühl, „lästig oder „nicht erwünscht" zu sein. Was auch immer du tatest, du konntest es ihm niemals recht machen. Dieser Eindruck zog sich hin bis über seinen Tod hinaus und beschäftigt dich noch heute. So hattest du nicht nur als Kind darunter gelitten, auch dein „Inneres Kind" benötigt noch Heilung. Damit sich nun dieses Empfinden nicht noch zusätzlich in deinem Körper als Krankheit manifestiert – wenn nicht sogar schon geschehen. Bevor jedoch dein Körper geheilt werden kann, muss zuallererst dein Geist geheilt sein und Dein Herz.

3. Übung – Ho'oponopono

1. Schließe deine Augen und bitte um Führung, Intuition und Heilung des Universums.

2. Beschreibe, laut oder mental, dein Problem und suche dann in deinem Herzen nach deinem Anteil daran. Dieser Anteil kann z. B. ein Urteil, ein bestimmtes Verhalten gegenüber einem Menschen, in einer bestimmten Situation, ein Unterlassen oder eine Erinnerung sein, die es zu heilen gilt. Mache dich selbst zum Beobachter und fühle hinein, was dieses Problem für dich bedeutet; beschreibe es evtl. mit einem Wort.

3. Vergebe nun bedingungslos und spreche die folgenden vier Sätze:

   „Es tut mir leid.

   Bitte verzeihe mir.

   Ich liebe dich.

   Danke."

4. Spüre den Sätzen nach, dann bedanke dich für die Segnungen & Heilungen, vertraue und lasse los.

<u>Die Bedeutung dieser vier Sätze im Hawaiianischen sind:</u>

Es tut mir leid.

Ich entschuldige mich. Ich nehme wahr, dass ich leide und das verbindet mich mit meinen Gefühlen. Ich lehne das Problem nicht mehr ab, sondern erkenne meine Lehraufgabe. Ich akzeptiere, dass es eine Schwingung in mir gibt, die das Problem/die Situation angezogen hat und nehme die Verantwortung dafür auf mich. Ich werde jetzt durch die Kraft des gesprochenen Wortes frei von diesem Gefühl der Schuld.

Bitte verzeihe mir.

Bitte verzeihe mir, dass ich gegen mein Höheres Selbst und die Gesetze der Harmonie und Liebe gehandelt habe.

Ich liebe dich.

Ich liebe dich und ich liebe mich. Ich sehe und respektiere das Göttliche in dir und mir. Ich liebe und akzeptiere die Situation, so, wie sie ist. Ich liebe das Problem, das zu mir gekommen ist, um mir die Augen zu öffnen. Ich liebe mich und dich bedingungslos mit all unseren Schwächen und Fehlern.

Danke.

Danke, denn ich verstehe, dass das Wunder bereits geschieht. Danke, denn das, was ich erhalten habe und das, was passieren wird, ist das, was ich durch das Gesetz von Ursache und Wirkung verdient habe. Danke, denn durch die Kraft der Vergebung bin ich jetzt frei von den energetischen Fesseln der Vergangenheit. Danke, dass ich erkennen darf und verbunden bin mit der Quelle allen Seins.

Die Rolle des „Beobachters" ist dabei sehr wichtig. Wir treten einen Schritt zurück und bewerten nichts und niemanden! Verändern wir unsere Gefühle zu einem Ereignis, ändern wir unsere Erinnerungen und damit ändern wir auch unsere Gegenwart und Zukunft. Wir richten unsere Aufmerksamkeit konsequent auf die positive Lösung der Situation.

Kapitel 4:

Deinen Verstand und das Gedankenkarussell verstehen

„We all have a 2-million-year-old brain.

Your brain is designed to make you survive.

Your brain is not designed to make you happy, that is your job!"

(Tony Robbins)

„Wir alle haben ein 2 Millionen Jahre altes Gehirn.

Dein Gehirn ist darauf ausgelegt, dich überleben zu lassen.

Dein Gehirn ist nicht darauf ausgelegt, dich glücklich zu machen.

Das ist deine Aufgabe!"

Kapitel 4.1 Unsere Sinne

Wie bereits im voran gegangenen Kapitel dargelegt, ist für jeden die Realität anders. Jeder von uns lebt und erlebt seine ganz eigene Wirklichkeit. So finden sich fast täglich unzählige Beispiele in unsere Leben und ich führe hier zum besseren Verständnis noch ein weiteres an:

Stelle dir vor, du bist vor kurzem mit einer guten Freundin auf einem Konzert gewesen und ihr unterhaltet euch nun über dieses Event. Jeder erzählt, wie er die Musik und die Reaktionen der Leute vor Ort empfunden hat. Dabei stellt ihr fest, dass ihr die Menschen, die Musik und das ganze Drumherum komplett unterschiedlich wahrgenommen habt. Doch warum ist das so?

Die jeweilige Wahrnehmung beruht in der Regel auf Vorhersagen, die das Gehirn über die Ursache eintreffender Sinne und Signale anstellt. Unser Gehirn ist damit beschäftigt, alle Eindrücke und Erfahrungen zu analysieren, zu deuten und ihnen einen Sinn zu verleihen, entsprechend unseren bisher gelebten Überzeugungen und Glaubenssätzen. Dies geschieht aufgrund unseres retikulären Aktivierungssystems (RAS), einer kleinen Zellgruppe in unserem Hirnstamm. Dieses Kontrollzentrum ist unsere Datenschaltzentrale, die Informationen - je nach Dringlichkeit - einordnet und ggfls. abschaltet. Die Dinge, die wir also in unserem Alltag erleben und die Menschen, denen wir täglich begegnen, speichern und ordnen wir nicht objektiv ein, sondern auf Grundlage unserer inneren Überzeugungen. Alle Informationen, die im Widerspruch zu unserer eigenen Wahrheit stehen, werden somit herausgefiltert. Somit lebt jeder für sich in seinem ganz eigenen „inneren Universum". Doch genau dieses „innere Universum" lässt sich auch „austricksen". Um dies ein wenig besser zu verdeutlichen, gebe ich dir folgende Beispiele:

a) Sicher hast auch du schon die eine oder andere optische Täuschung erfahren. Wer kennt sie nicht, die zwei Linien, die unterschiedlich lang erscheinen?! Wenn wir sie allerdings nachmessen, erweisen sie sich als exakt gleich lang.

b) Auf einem Gemälde sind zwei Menschen zu erkennen, wobei der weiter hinten auf dem Bild um einiges größer anmutet. Tatsächlich sind beide gleich groß gemalt, nur die die Perspektive des Weges erinnert sich unser Gehirn daran, dass alles, was weiter hinten ist, kleiner erscheinen müsse.

c) Du betrachtest ein Bild mit einer eng geschwungenen Spirale. Diese beginnt vor deinen Augen bereits nach kurzer Zeit sich zu drehen, für den einen links und für den anderen rechtsherum. Diese Wahrnehmung resultiert u.a. daher, dass wir uns im Moment der Betrachtung vielleicht nicht im Ruhezustand befinden und unser Gehirn das eine oder andere Gedankenkarussell absolviert. Wären wir vollkommen entspannt, würden wir wahrscheinlich erkennen, dass es sich tatsächlich nur um eine „starre" Spirale handelt. Wir nehmen also mit unseren Sinnen etwas war, was von der Realität abweicht. Wenn dich solche Wahrnehmungs-Experimente interessieren, kann ich dir dazu ein spannendes Buch von Fritz Fischer* empfehlen: „Achtung, Illusion! Die 33 besten optischen Täuschungen". Solche Beispiele nenne ich gerne meinen Kunden zu dem Verständnis darüber, dass nicht alles so scheint, wie man es auf den ersten Blick wahrnimmt!

Wie eingangs erwähnt, funktioniert das Fühlen in dieser Reihenfolge: 1. Wahrnehmen 2. Denken 3. Fühlen und 4. Handeln.

Daher ist es wichtig, dass wir für das Manifestieren auch an unserer eigenen, inneren Realität arbeiten, damit sie zu unserer äußeren Realität wird und die Energie für das Gewünschte entspricht. Wenn wir also unser „Traumhaus" in unser Leben holen wollen, ist es unumgänglich, dass wir dieses Haus bereits vorher mit all unseren Sinnen wahrnehmen: Wir sehen die Form, die Größe, das Dach; wir wissen, welche Form und Farbe Fenster und Türen haben werden und gehen in Gedanken durch den Flur, rüber in das gemütliche Wohnzimmer, setzen uns auf eine große Couch (selbst hier wissen wir genau Form und Farbe!) und schauen glücklich auf das Feuer im Kamin, das gerade brennt. Wir hören sogar das Knistern der Flammen, die dort spielerisch herum züngeln, riechen den Duft des Holzes und hören draußen im Garten die Vögel zwitschern. Vielleicht steht sogar ein frisch gepflückter Blumenstrauß auf dem Tisch und aus der Küche klingt das einladende Geräusch von Töpfen, die klappern und das fröhliche Pfeifen deines Partners, der gerade dein Lieblingsessen für dich zaubert. Je mehr Details du dir hier vorstellen kannst, desto mehr hilfst du dem Universum, dies so schnell wie möglich in deine Realität zu ziehen.

Kapitel 4.2 Verstand und Unterbewusstsein:

Doch um Gedanken und Eindrücke überhaupt verarbeiten und bewerten zu können, bedarf es mehr als nur unsere eigentlichen Sinnesorgane. Wir benötigen unter anderem auch unseren Verstand und das Unterbewusstsein. Doch was genau verstehen wir unter Unterbewusstsein eigentlich? Einer der Ersten, die das Unterbewusstsein beleuchteten, war Sigmund Freud (1856-1939). Aus diesem Grund gilt er auch als Entdecker des Unterbewusstseins/Unbewussten. Bereits 1889 stellte er fest, dass es in der menschlichen Seele etwas Unbewusstes gibt, das für unser Handeln entscheidend verantwortlich ist. Auch lebenswichtige Prozesse werden durch das Unterbewusstsein gesteuert, doch dazu gleich. Wir können auf das Unterbewusstsein nicht willentlich zugreifen. Es ist die Summe aller unserer Erinnerungen, Vorstellungen, Eindrücke und Motive und nimmt in jeder Sekunde automatisch deines Lebens viele Eindrücke auf. Das ist auch gut so, denn wir wären sonst im Alltag maßlos überfordert!

Was unterscheidet unser Unterbewusstsein von unserem Bewusstsein? Im Vergleich zum Bewusstsein ist das Unterbewusstsein nicht leicht zugänglich, da sich unsere Erinnerungen in einem tieferen Zustand befinden. Daher ist z. B. der Zugriff auf Informationen, die im Bewusstsein abgespeichert sind, leicht zugänglich, während Informationen, die im Unterbewusstsein gespeichert wurden, einiges mehr an Aufwand erfordern. Unser bewusster Verstand ist verantwortlich für Logik und Argumentation, während das Unterbewusstsein, zusammen mit dem Unbewussten, für die Emotionen, Eigenschaften, Einstellungen, Wünsche etc. verantwortlich ist. Wissenschaftler haben zudem herausgefunden, dass lediglich 20% unseres Wissens und unserer Handlungsmotive in unserem Bewusstsein zu finden sind, während die restlichen 80% in unserem Unterbewusstsein schlummern. Bildlich können wir uns hier das Eisbergmodell nach Ruch/Zimbardo* (1974) vorstellen. Dieses Modell spielt in der angewandten Psychologie eine wichtige Rolle. Es geht zurück auf die Persönlichkeitstheorie von Sigmund Freud, der den Ursprungsgedanken hierzu lieferte. Das Eisbergmodell fließt somit auch in die Kommunikationstheorie ein und steht im Zusammenhang mit dem bekannten Pareto-Prinzip, welches besagt, dass bereits 20 Prozent Einsatz 80 Prozent der Ergebnisse ausmachen. (Denkmodell von Vilfredo Pareto). Bezüglich des Ursprungs und der Entwicklung des Eisbergmodells wird auch Paul Watzlawick* in Verbindung gebracht. Nach der von Watzlawick auf die Kommunikation übertragenen Theorie entsprechen der sichtbare Bereich der Sachebene (rational) und der unsichtbare Bereich der Beziehungsebene (emotional); ist die Beziehungsebene gestört, so hat das nach Watzlawick unweigerlich Auswirkungen auf die Inhaltsebene. Diese „80 Prozent" des unsichtbaren Eisbergs haben demnach einen großen Einfluss auf alles, was geschieht.

Hinzukommt, dass unser Bewusstsein ungefähr mit einer Geschwindigkeit von 60 bits pro Sekunde arbeitet, das Unbewusste allerdings mit einer 200.000-fach schnelleren Kapazität, nämlich 11,2 Millionen Bits pro Sekunde. Wir verarbeiten also tatsächlich nur einen Bruchteil der ständig auf uns einströmenden Reize bewusst. Unser Wahrnehmungsfilter wird in der Psychologie auch „Cocktaileffekt" genannt (intelligentes, sensitives Hören). Ein gutes Beispiel hierfür ist ein Partyraum, in dem wir uns mit vielen anderen Menschen befinden. Wir hören zwar viel Gemurmel, folgen aber nur detailliert dem Gespräch, an dem wir gerade beteiligt sind. Wir extrahieren die „Störquellen". Unser Unterbewusstsein ist im Vergleich zum Bewusstsein riesengroß und steuert viele körperliche Funktionen wie Atmung, Herzschlag, Blutkreislauf, Verdauung und das Immunsystem. Aber auch unsere Erfahrungen, Erlebnisse, Gedanken und Gefühle, die mit einer Erfahrung verbunden sind, sind dort gespeichert.

Was dies alles mit deinem Traumleben zu tun hat? Es ist für das Manifestieren von hoher Relevanz, tief verankerte, blockierende und negative Glaubenssätze aus den Tiefen deines Unterbewusstseins auszulöschen und umzuprogrammieren, da du dir auch bei den schönsten Träumen sonst innerlich sagst, dass du es nicht verdienst und dein Leben sowieso keine positive Wende nehmen wird. Wie das Umprogrammieren funktioniert, erkläre ich dir etwas später im Praxisteil.

Es gibt noch weitere Faktoren, die unseren Geisteszustand und somit die Aktivität unseres Unterbewusstseins beeinflussen. Vielleicht hast du auch schon einmal was von den sogenannten Gehirnwellen gehört. Im Alltag benutzen wir alle verschiedenen Gehirnwellen: Sie nennen sich Delta, Theta, Alpha und Beta. Wenn das Gehirn diverse Geisteszustände und somit Wechsel zwischen einem unterbewussten Zustand und einem bewussten Geisteszustand durchläuft, erzeugt es gemessen unterschiedliche elektrische Signale (EEGs). Der Zellbiologe Dr. Bruce Lipton* beschrieb es in seinem Buch „Intelligente Zellen" so, dass das menschliche Gehirn mit verschiedenen Frequenzen arbeitet, die mit einem EEG gemessen werden. Er beschreibt dies als „elektrisches Kopf-Bild". Sowohl Kinder als auch Erwachsene zeigen verschiedene Normvarianten dieser elektrischen Signale:

1. **DELTA Wellen** (Die Brücke zwischen Bewusstsein und Unterbewusstsein, Frequenzbereich von unter 4Hz): Die Delta-Welle ist die langsamste Gehirnwelle. Sie tritt im traumlosen Tiefschlaf auf und empfängt Informationen, die wir auf der bewussten Ebene nicht wahrnehmen können und sorgt für einen erholsamen Schlaf.

2. **THETA Wellen** (Aktives Unterbewusstsein, Frequenzbereich 4 bis 8 Hz): Bei Schläfrigkeit und im Rahmen von leichten Schlafphasen mit traumartigen Bildern und das Wiedererleben von Kindheitserinnerungen sind die Theta-Wellen aktiv. Sie treten somit beim Einschlafen, Leichtschlaf, Tiefenentspannung oder Meditation auf. Bei dieser Gehirnfrequenz wurde festgestellt, dass das schnelle Erlernen von viel Informationen deutlich einfacher war. Zudem landen neue Informationen, die den Personen in diesem Zustand zugesprochen werden, direkt im Unterbewusstsein und erleichtern somit die „Umprogrammierung" von festverankerten Überzeugungen.

3. **ALPHA Wellen** (Tagträume und Intuition, Frequenzbereich 8 bis 13 Hz): Die Alpha-Frequenz entspricht einem ruhigen Bewusstseinszustand – es ist ein Zustand der vollen Selbstwahrnehmung und die Aktivierung der eigenen Intuition. Sie treten auf, wenn wir unsere Augen schließen und uns entspannen. Diese Frequenz regt außerdem die Kreativität an und hilft uns, Neues zu erlernen.

4. **BETA Wellen** (Bewusster, logischer und wacher Zustand, Frequenzbereich 12 bis 35 Hz): Beta-Wellen können als „aktives fokussiertes Bewusstsein" charakterisiert werden. Sie treten insbesondere während der Aktivitäten auf, die wir den größten Teil des Arbeitstages entwickeln – wenn wir z. B. sprechen, lesen, zählen usw. Im Zustand dieser Wachheit und der „Alertness" (Aufmerksamkeitsaktivierung) sind es besonders die Beta-Wellen, die das Gehirn regieren. Top-Down-Kontrolle innerhalb des Gehirns ist dann sehr aktiv und wir tendieren eher zu kritischem als zu intuitivem Denken hin.

Dr. Lipton stellt zudem fest, dass die beiden niedrigsten Gehirnwellen Theta und Delta, die bei Kindern zwischen der Geburt und dem 6. Lebensjahr vorherrschen, eine unglaubliche Menge an Informationen speichern können. Aus diesem Grund sind viele Glaubenssätze vor allem noch aus der Kindheit in unserem Gehirn tief einprogrammiert. Besonders die Meinungen unserer Eltern, nahestehenden Bekannten und Verwandten wird uns in der Kindheit zu eigen gemacht. Leider geschieht es viel zu oft, dass wir negative Aussagen wie: „Aus dir wird doch nie was.", „Du bist nicht gut genug" etc. zu unseren eigenen Glaubenssätzen machen und die zu unserer Realität werden, ohne sie weiter zu hinterfragen. Sie sind wie Stimmen im Kopf, die immer wieder irgendeinen Blödsinn vor sich hinplappern und fest in uns verankert sind. Tatsächlich sind sie aber eine Illusion aus der Vergangenheit. In der Regel bleibt diese Meinung über uns selbst dann unser ganzes Leben über, es sei denn, wir arbeiten daran und finden unsere ganz eigenen Überzeugungen. Solange negative, fest sitzende Glaubenssätze in uns verankert sind, können diese Art von Energien dazu führen, dass wir unser Traumleben, dass wir uns so sehr erhoffen, nicht leben können. Mit Sätzen wie: „Dafür bin ich nicht gut genug.", „Das habe ich nicht verdient." etc. blockieren wir uns selbst. Wollen wir also das Gesetz der Anziehung für uns nutzen, gilt es, den angesammelten emotionalen und gedanklichen Müll erst einmal in Liebe abzutransportieren. Tief in deinem Herzen spürst du es bereits und weißt auch genau, was deine Leidenschaft und dein Wunsch ist. Du kannst zudem auch beispielsweise auf YouTube die Gehirnwellen als Musikform abspielen, um die bestimmten Gehirnwellen anzuregen.

Wissenschaftler haben herausgefunden, dass Thetawellen ganz spezielle Wirkung auf uns haben, daher nutzt man diese Gehirnwellen inzwischen „ThetaHealing". Vielleicht hast du den Begriff auch schon einmal gehört. Diese Heilmethode kann bewirken, dass Stress reduziert und Angstgefühle gemindert werden. Sie fördert tiefe Entspannung und geistige Klarheit, verbessert die sprachlichen Fähigkeiten sowie unsere Ausdrucksfähigkeiten und synchronisiert unsere beiden Gehirnhälften. Zudem fördert ThetaHealing Visualisierungen und kreatives Denken, reduziert das Schmerzempfinden, stimuliert die Endorphinausschüttung und erhöht Glücksgefühle. Sie unterstützt uns dabei, unsere eigene Energie aus dem Unterbewusstsein zu erhöhen. Und auch hier erkennen wir wieder einmal, dass alles auf Energie basiert und wie wichtig es ist, sich bewusst Zeit für sich zu nehmen und herauszufinden, ob wir uns nicht vielleicht selbst im Wege stehen.

Gemäß eines Artikels der Harvard Business School „HBS Working Knowledge"* hat Gerald Zaltman, Professor an der Harvard Business School und Autor sowie Herausgeber von 20 Büchern, herausgefunden, dass 95% unserer Gedanken unterbewusst geschehen. Robert L. Leahy* geht in seinem Buch „The Worry Cure" noch einen Schritt weiter und stellt fest, dass 85% der Dinge, über die wir uns Sorgen machen, gar nicht stattfinden. Aus den 15% der Sorgen, die tatsächlich eintreffen, konnten 79% der Teilnehmer seiner Studie mit ihrer Angst entweder besser umgehen als gedacht oder sie konnten aus dieser Schwierigkeit etwas Wertvolles lernen. Daraus würde folgen, dass 97% unserer Sorgen demnach unbegründet sind! Ein weiterer Grund, seine eigenen Überzeugungen und Ängste zu hinterfragen.

Warum denken wir aber so überhaupt so negativ, wenn es doch meistens unnötig ist? Betrachten wir unseren Verstand auch einmal näher: Aus neurologischer Sicht ist der Verstand das „Gehirn in Aktion". Er hilft uns, logische Entscheidungen zu treffen und bewahrt uns unseren Willen im Zaum zu halten.

Dabei kann die Art variieren. Ein gutes Beispiel hierfür ist, dass du einen ganz bestimmten Verstand hast, wenn du morgens aufstehst und dir die Zähne putzt, einen anderen, wenn du singst, dir dein Mittagessen zubereitest oder ein ernsthaftes Gespräch mit dem Physiklehrer deines Kindes führst. Für jede der unterschiedlichsten Aufgaben, die wir in unserem Alltag erledigen, wird dein Verstand auf eine ganz spezielle Art genutzt. Es weiß genau, was sich in dieser Alltagssituation gehört und was nicht. Bleiben wir einmal bei dem Beispiel mit dem Autofahren: Hier wird durch eine ganz bestimmte Abfolge im Gehirn durch Neuronengruppen, die sich durch die wiederholende Durchführung dieser bestimmten Tätigkeit immer stärker und stärker vernetzen und zusammenschweißen, eingeschaltet. Für jede bestimmte Abfolge deiner Handlung wird ein Muster im Gehirn aktiviert, eine bestimmte Kombination aus neuronalen Netzwerken. Somit ist das Gehirn vor allem ein Produkt der Vergangenheit und von Handlungen, die wir mehrfach wiederholt haben, bis es zur Gewohnheit wurde. Wenn du also etwas lernst, ist es wie eine Art Upgrade für das Gehirn und es bilden sich neue neuronale Netzwerke. Dabei hinterlassen neue Erkenntnisse auch dazugehörige Emotionen, sozusagen als „chemisches Feedback". Je höher der emotionale Quotient einer Erfahrung ist, desto stärker hinterlässt er einen bleibenden Eindruck im Gehirn. Auf diese Weise wird dein Langzeitgedächtnis gebildet. Je öfter du Gedanken, Entscheidungen, Verhalten, eine Erfahrung und ein Gefühl wiederholst, desto mehr „feuern" diese Neuronen im Gehirn und desto stärker verdrahten sie sich und die Handlung wird automatisiert. Wenn die Neuronengruppen irgendwann so stark vernetzt sind, dass wir eine Handlung automatisch durchführen, wandert diese weiter in unser Unterbewusstsein (siehe hierzu das Werk des kanadischen Psychobiologen und Professors für Psychologie D. O. Hebb*: „The Organization of Behavior: A Neuropsychological Theory" und Joe Dispenza*). Wie du siehst, ist es also gar nicht so einfach, auch eine störende Gewohnheit einfach so abzulegen und zu beenden, da sie ab einem bestimmten Zeitpunkt automatisiert abläuft. Für dein Wunschleben kann es jedoch von Vorteil sein, auch deinen Alltag einmal gedanklich durchzugehen und zu überlegen, wo es eventuell schon so festgefahrene oder ungesunde Routinen gibt, die du wie automatisch einfach täglich, ohne zu hinterfragen, durchführst. Gibt es vielleicht Momente, die dir deine unnötige Zeit kosten und dich von deinen Träumen abhalten?

Ein gutes Beispiel hierfür, das auch du vielleicht in deinem Alltag schon erkennen durftest, ist das unbewusste, hastige Essen, wenn wir unterwegs sind und gerade von einem zum nächsten Termin eilen. Oder wir konsumieren häufig verarbeitetes Essen (Convenience Produkte = Fertiggerichte) oder Fastfood. Wir fühlen uns gehetzt und gestresst; hören unseren Liebsten nicht bewusst zu; achten nicht auf die schönen Kleinigkeiten im Alltag und nehmen die uns allseits umgebende Schönheit der Natur nicht wahr. Wir fühlen uns von Verletzungen der Vergangenheit gejagt; haben das Gefühl, nicht weiterzukommen oder fühlen uns innerlich leer, unsicher oder einsam: Wir nehmen uns selbst in einer Opferrolle wahr. All diese Dinge konnte ich selbst auch in meinem persönlichen Umfeld in der Familie erkennen. So kam es häufig vor, dass wenn ich von der Arbeit oder den Kindern gestresst war, nicht mehr bewusst auf mein eigenes Befinden achtete, sondern es emotional und körperlich einfach überspielte oder nicht hinterfragt habe, wieso ich schon wieder eine Fertigpizza in den Ofen schob. Wenn endlich das langersehnte Wochenende da war, versuchte ich eher, mich von meinen Themen, meinem Leben „abzulenken", obwohl ich tief in meinem Inneren fühlte, dass irgendetwas „nicht stimmt". Immer wieder ertappte ich mich dabei in dem Modus, die anderen zufrieden zu stellen anstatt „mich selbst". Wenn wir uns dessen jedoch nicht bewusstwerden, kann dieses Verhalten in einer Dauerschleife enden, einem Teufelskreis, der sich stetig wiederholt. Hier kommt also die Achtsamkeit ins Spiel, die von großer Bedeutung für das Erschaffen deines Traumlebens ist und welche wir in Kapitel 6 näher beleuchten werden.

Eine Studie zum Thema Gewohnheiten ("Modulation of Muscle Responses Evoked by Transcranial Magnetic Stimulation During the Acquisition of New Fine Motor Skills,") wurde in der Harvard

Universität von A. Pascual-Leone, D. Nguyet und L. G. Cohen* durchgeführt. Sie testeten Menschen, die noch nie Klavier gespielt haben: Die eine Hälfte der Probanden hat über einen Zeitraum von fünf Tagen jeweils zwei Stunden lang eine Klavierübung geübt, die andere Hälfte tat dasselbe, jedoch nur im Geiste. Diese Menschen stellten sich lediglich vor, dass sie am Klavier üben, ohne dabei die Finger tatsächlich zu bewegen. Die Gehirne der Probanden beider Gruppen wurden danach einem Scan unterzogen und es zeigte sich, dass neue neuronale Schaltkreise kreiert worden sind und eine neuronale Programmierung in der Region des Gehirns, welches die Fingerbewegung steuert, allein durch Gedanken erschaffen wurde. So eine Kraft der Gedanken kannst du auch in deinem Gehirn durch das regelmäßige Manifestieren deiner Wünsche auslösen!

Auch Pandit Rajmani Tigunait*, spiritueller Vorstand des Himalayainstitutes, beleuchtet dieses Thema und sagt, wir sollten nicht das Opfer unserer sogenannten „Samskaras" sein (Sam bedeutet „gut geplant", kara bedeutet „die ausgeführte Handlung", Samskaras sind also übersetzt „Eindrücke im Unterbewusstsein"). Diese Samskaras haften als unterschwellige Erfahrungen und Emotionen in unserem Körper und sind durch Erfahrungen, Gedanken, Interaktion mit anderen und unserer Kindheit sowie durch die von uns erlebte Erziehung entstanden. Je häufiger wir eine Handlung wiederholen, desto stärker wird diese im Geiste eingeprägt. So wird eine Gewohnheit gebildet. Je stärker diese Gewohnheit wiederum ist, desto weniger Kontrolle haben wir über unseren Geist, wenn wir eine Handlung durchführen wollen, die unserer Routine widerspricht. Um uns jedoch nicht als „Opfer unserer Erfahrungen" zu sehen und unsere Zukunft auch für das Manifestieren unabhängig erschaffen zu können, sollten wir uns bewusst von diesen Samskaras befreien, da sie sich sonst in festgefahrene Gewohnheiten, unseren Charakter und unser Verhalten manifestieren. Ansonsten führt dies dazu, dass wir uns auf unsere Erfahrungen und bekannte Emotionen regelrecht begrenzen. Können wir uns nicht davon befreien, so führt dies zu Energieblockaden und Problemen beim Manifestieren. Auch wenn das Unterbewusstsein in verschiedenen Kulturen unterschiedliche Namen hat, so läuft es inhaltlich immer wieder auf dasselbe hinaus.

Der indische Yogalehrer B. K. S. Iyengar* stellte in seinem Werk „Light on Yoga" (Licht auf Yoga) sogar fest, dass Samskaras nicht nur im Gehirn gespeichert werden, sondern auch im Körper und in jeder Zelle. Um dies besser verstehen zu können, beschreibt er Samskara wie folgt: Stelle dir einen See vor. Wirfst du nun einen Stein in das Wasser, verursacht dieser Wellen an der Oberfläche. Bei einem riesigen Stein oder bei wiederholtem Werfen kann auch der Boden des Sees davon betroffen sein und sich Rillen von diesem Stein tief im Boden (Unterbewusstsein) bilden und verankern – So in etwas kannst du dir das Samskara in deinem Körper vorstellen.

Kapitel 4.3 Dein Ego

Einen weiteren Begriff, welcher für das Manifestieren enorm wichtig ist und den du wahrscheinlich schon häufiger gehört hast, ist das „Ego": „Du hast ein zu großes Ego", „Das ist aber dein Ego, was da spricht"… Doch was genau ist das Ego eigentlich? Und ist es wirklich so negativ, wie es immer dargestellt wird?

Ursprünglich kommt der Begriff aus dem Lateinischen und steht für das „Ich" bzw. das Selbstbild. In der spirituellen Literatur ist es ein Synonym für den Begriff „Selbstbild". Damit wird im Grunde das Bild oder die Vorstellung, die man von sich hat bzw. die Selbstwahrnehmung als das Ego bezeichnet.

Dabei ist es völlig egal, welches Selbstbild du von dir hast; wichtig ist, dass du erkennst, dass es immer nur eine reine Illusion deiner Gedanken ist und bleibt, denn du bist nicht dein Ego. Man könnte sagen, dass „die Stimme in unserem Kopf" unser Ego ist; die eine Stimme, die mit uns spricht, die uns zum Handeln vorantreibt, die Zukunft analysiert, unser Überleben sichert und bestimmte Emotionen in uns auslöst. Es stellt sicher, dass unsere Grundbedürfnisse erfüllt werden. Das klingt erstmal gut, jedoch sind wir im Vergleich zu unseren Vorfahren nicht mehr in einer Situation, in der wir bedroht werden und um unser Überleben kämpfen müssen. Wir leben in einem gesicherten Alltag, haben genug zu Essen und werden nicht von gefährlichen Wildtieren gejagt.

Unser Ego ist für das Ich-Denken für Ärger, Arroganz, Eifersucht, Erregung, Heuchelei, Missgunst, Mögen und Nichtmögen, Stolz, Lust und Verlangen verantwortlich und wird somit dem „Lower Self" zugeordnet. Außerdem können diese negativen Gedanken durch das Ego depressive Verstimmungen und Ängste auslösen, die in diesem Ausmaß gar nicht nötig wären. Durch unser Ego kontrollieren wir, hegen wir Wünsche, formen Gedanken und handeln oft irrational, da unser Ego sich laufend in den Vordergrund zwingt und das Hören auf unsere Intuition verdrängt. Das Ego hat auch nicht immer die gleiche Meinung, rät nicht immer nur positive Dinge; es ist sprunghaft und passt sich jeweils an aktuelle Gefühle und Situationen an. Unser Ego hat nichts mit unserem wahren Sein zu tun. Auch wenn wir immer wieder gern diesem Irrglauben unterliegen: Wir sind nicht unser Ego und wir sind auch nicht limitiert, wie unser Ego das uns immer gerne vermitteln möchte!

Dieses Bild (= Ego), das du von dir selbst hast, bestimmt im Wesentlichen…

… wie du dich verhältst

… wie du dich fühlst

… und welchen Status und Selbstwert du dir zuschreibst.

Siehst du dich beispielsweise als wenig selbstbewusst und ängstlich, dann wirst du dich genauso nach außen hin verhalten. Hast du jedoch ein starkes Selbstbild (man spricht auch von einem starken Ego), wirst du dementsprechend agieren. Je positiver also dein Selbstbild von dir selbst ist, um so glücklicher und erfolgreicher kannst du dein Leben führen. So ein Ego hat also mehrere Seiten, die es zu betrachten gilt: Einerseits ist es gut, da es vor bestimmten Situationen schützen oder bewahren kann, andererseits ist es jedoch auch in der Lage, uns kleinzumachen und uns von unseren Träumen bzw. deren Erfüllung abzuhalten.

Ich gebe dir nun einige Beispiele, die typisch für unser Ego sind:

1. Du hast ständig das Gefühl, dir und deiner Umwelt zu beweisen, dass du wertvoll bist. Du machst also dein Selbstwertgefühl vom Außen abhängig, kaufst dir teuren Schmuck, fährst das schnellste Auto und besitzt immer die neuesten elektronischen Geräte, unabhängig davon, ob du sie überhaupt benötigst oder benutzen willst.

2. Du kaufst dir ständig neue Dinge, um die gefühlte Leere in dir auszufüllen. Mit materiellen Dingen versuchst du, diese Leere zu füllen. Doch diese gelebte Gier ist lediglich ein Produkt deines Egos.

3. Jedes Ego liebt die Projektion. Das bedeutet, wir projizieren eigene Probleme einfach auf andere. Du selbst bist also niemals das Problem (bis wir uns einmal mit dem Spiegelprinzip auseinandergesetzt haben).

4. Unser Ego lebt vom Vergleich und liebt Schubladen-Denken. Das kann zur Folge haben, dass wir uns ständig vormachen, „schlechter" als der andere zu sein – oder eben das Gegenteil. Allzu gerne werden Menschen und Dinge kategorisiert und in besagte Schubladen gesteckt: du bist dick, dünn, doof, schön, nervig, anstrengend, liebenswert usw.

5. Unser Ego liebt (Vor-)Urteile und hindert uns oft daran, unserem Herzen, unserer Intuition zu folgen. Daraus entsteht Trennung und Einsamkeit und du begegnest deinen Mitmenschen mit Misstrauen.

6. Dein Ego hat Angst davor, zu verlieren, falsch zu liegen oder andere wütend zu machen. Daher geht es Konflikten lieber aus dem Weg und gibt oftmals lieber nach, nur „um des lieben Friedens willen".

7. Dein Ego liebt Identifikation. Dafür sucht es sich Rollen aus, wie z. B. „der ewig Missverstandene", „das hilflose Opfer", „der ständige Verlierer". Damit schaukelt uns das Ego die Sicherheit vor, das wir jemand sind. Welcher „jemand" ist dabei völlig irrelevant. Dem Ego geht es nur darum, dass du jemand bist, egal wer oder was - Hauptsache du bist nicht das Nichts.

Dies sind nur einige typische Verhaltensweisen, die von einem Ego herrühren. Wenn du also das Verlangen hegst, das Gesetz der Anziehung für dich zu nutzen, dann spüre nach, wo dich dein Ego eventuell noch einschränkt, dir Mist erzählt und welche Glaubenssätze du gerade in dir trägst. Und bitte prüfe stets, ob deine Manifestationswünsche egogetriebene Wünsche sind oder deinem Herzen entspringen. Bitte eifere keinen Zielen nach, um dich vor anderen zu beweisen und nach außen hin irgendeinen Status zu vermitteln. Später im Praxisteil werde ich gern verschiedene Übungen mit dir teilen, damit du mit Leichtigkeit herausfinden kannst, was deine wahren Herzenswerte und -wünsche sind, damit du langfristig glücklich und erfüllt bist.

Wenn Du das Ego und seine Funktion verstehst, kannst du es dir auch zunutze machen, denn wir brauchen es wie schon erwähnt auch zum Überleben und um uns zu schützen. Man sollte das Ego beobachten, aber es nicht zu ernst nehmen und sich nicht mit egogetriebenen Gedanken identifizieren. Der Begriff „Achtsamkeit" trifft es hier meines Erachtens besonders gut. Es geht darum, bewusst zu sein und zu hinterfragen, was davon wirklich stimmt, wo uns das Ego wirklich beschützen muss und was wir uns wirklich von Herzen wünschen, nicht um andere zu beeindrucken.

Weiter oben sprachen wir davon, dass das Gefühl der Angst, ein automatischer Schutz des Egos ist. Für das Manifestieren ist die Angst jedoch keineswegs förderlich, da es ein Gefühl mit einer sehr niedrigen Schwingungsfrequenz und somit negativeren Energie ist. Auch das Mangeldenken, das leider immer noch viele von uns in sich tragen, ist nicht hilfreich. Da wir jedoch bei unserem Vorhaben ins

Vertrauen begeben sollten, brauchen wir hier Gefühle, die höher schwingen als die des Egos. Ziel ist es also, das Ego für diese Aktionen genau wahrzunehmen und erfolgreich „aufzulösen" bzw. zu reduzieren, was absolute Achtsamkeit und Ausstieg aus dem täglichen Autopilotenmodus bedeutet. So wird automatisch auch die Energiefrequenz höher schwingen, die wir für das Manifestieren benötigen. Konkrete Tipps dazu erfolgen ebenfalls später im großen Praxisteil.

Selbstverständlich löschen wir das komplette Ego nicht aus, da wir es ja auch zum Überleben und Schutz brauchen. Es reguliert unsere Instinkte und unterstützt uns bei sozialen Interaktionen. Höchstwahrscheinlich wären wir ohne unser Ego hilflos aufgeschmissen und würden alles mit uns machen lassen. Es ist aber absolut wichtig, dass wir bewusst hinschauen und erkennen, was uns durch das Ego zu sehr einschränkt und limitiert oder wo es uns das Gefühl vermittelt, von anderen getrennt zu sein. Besitzt du beispielsweise ein zu kleines Ego hat und kein oder wenig Selbstbewusstsein, muss dieses auch erst einmal im gesunden Maße gestärkt werden. Denn ein zu geringes Selbstbewusstsein als auch kontinuierliche Angst und Anspannung können wiederum den Energiefluss blockieren und sabotieren.

An dieser Stelle möchte ich Esther Hicks* zitieren, die – gemeinsam mit ihrem Partner Jerry zu dem Thema „Gesetz der Anziehung" ebenfalls ein hilfreiches Werk verfasst hat („Wunscherfüllung"):

„When you feel poor, only things like poverty can come to you"

„Wenn du dich arm fühlst, können nur Dinge wie Armut zu dir kommen"

Kapitel 4.4 Höheres Selbst

Nachdem wir uns eingehend mit dem Unterbewusstsein, dem Verstand, dem Ego und seiner niedrigen Bewusstseinsstufe befasst haben, möchte ich dich nun einladen, dass wir unseres „Höheres Selbst" näher betrachten. Wie du dir denken kannst, schwingt unser höheres Selbst in einer hohen Bewusstseinsstufe, vergleichbar mit den Gefühlen wie Liebe, Mitgefühl, Frieden, Glückseligkeit etc. (siehe die Bewusstseinsskala nach Hawkins: „Higher Self"). Eingebettet in diese hoch schwingende Frequenz fühlst du dich nicht mehr getrennt von allem durch dein Ego, sondern siehst dich als Teil eines Ganzen, fühlst dich im Reinen und bist ganz im Hier und Jetzt. Du erkennst, dass du weder dein Ego, dein Körper noch dein Verstand bist. Du bist dein höheres Selbst und stehst in direkter Verbindung mit der göttlichen Schöpfung. In diesem Zustand kannst du dein Traumleben kreieren, da es keine Zweifel, Grenzen oder Ängste gibt. Du kannst diesen Zustand jederzeit erreichen, wenn du dich mit den hoch schwingenden Gefühlen verbindest und dein Ego stumm ist.

Bist du mit dir und deinem höheren Selbst im Reinen, so erhöht sich deine Schwingung enorm. Das Quantenfeld, das wir später für unsere Wunscherfüllung nutzen werden, reagiert nur, wenn unsere Gedanken und Emotionen aufeinander abgestimmt und kohärent sind, das heißt, wenn sie dasselbe Signal senden. Wir sprechen hier von der sogenannten Herz-Gehirn Kohärenz. Selbstverständlichen dürfen wir aber auch nicht die bestmögliche Funktionalität unserer Chakren außer Acht lassen. So langsam schließt sich der Kreis, nicht wahr?

An dieser Stelle möchte ich noch einmal auf unsere Gefühle eingehen: Wenn wir höhere schwingende Gefühle fühlen, treten wir aus unserem Ego heraus. Wichtig ist ebenso der liebevolle Umgang mit uns selbst und dass wir uns mit den Triggern und Glaubenssätzen auseinandersetzen und unsere Ego-Gedanken achtsam wahrnehmen. Dies ist für das Manifestieren unerlässlich. Auch sollten wir das kraftvolle Gefühl der Dankbarkeit nicht unterschätzen, denn es schenkt uns noch mehr positive Gefühle, die es zur Erhöhung unserer Frequenz braucht, indem wir unsere Einstellung ändern. Es gibt immer Dinge, für die wir in jedem Moment dankbar sein können, wir müssen sie nur sehen. Hierzu gibt es zahlreiche Studien, die dies belegen, eine davon findest du unter „ On Being Grateful and Kind: Results of Two Randomized Controlled Trials on Study-Related Emotions and Academic Engagement" im Literaturverzeichnis).

Zum besseren Verständnis lass uns an dieser Stelle gemeinsam eine kleine Übung machen:

Stelle dir vor, heute ist einer dieser Tage, die so gar nicht in deine Vorstellung von „das Leben ist schön!" haben... Vielleicht fing es in der Früh schon damit an, dass dein Wecker nicht geklingelt hat und deswegen zu spät in die Arbeit gekommen bist. Im Büro empfing dich dann vielleicht gleiche eine zickige Kollegin, die dir, ohne dass du darum gebeten hättest, mitteilte, wie viele Minuten du denn nun genau zu spät erschienen bist; oder dein Chef saß bereits mit den neu zu akquirierenden Kunden im Besprechungsraum, trommelte nervös mit den Fingern auf dem Tisch herum und wartete offensichtlich vollkommen genervt auf dein Erscheinen, da du die neue Präsentation vortragen solltest. Dem nicht genug, warst du dermaßen nervös, dass du in der Hektik die falschen Folien auflegtest, dich ständig verhaspeltest und – zu guter Letzt – auch noch den vollen Becher Kaffee über dein neues Outfit ergosst. Lass uns an dieser Stelle stoppen, bevor unsere Fantasie noch völlig mit uns durchgeht. 😃 Ich denke, du weißt, auf welche Art von Tag ich hinausmöchte?

Bis hierher also die Vorstellung, die du vielleicht sowohl bildlich als auch emotional aufnehmen konntest. Kommen wir nun aber zu der Übung:

Zuhause angekommen, wirst du dir dessen bewusst, was alles schiefgelaufen ist und könntest sogar noch ein wenig graben, was oder wer daran „Schuld" gewesen ist. Vielleicht ist dir so etwas in der Art erst vor kurzem widerfahren. Aber lass uns dieses Gedankenkarussell mal bewusst unterbrechen. Setze dich nun (gedanklich) einfach in deinen Lieblingssessel, lege – wenn du magst – deine erschöpften Beine ein wenig hoch (selbstverständlich kannst du dich auch gern hinlegen, wenn es sich für dich besser anfühlt) und schließe deine Augen... Atme bewusst tief ein und aus und erlaube dir, alle Anspannungen, jegliche Müdigkeit und „Verletzungen" des Tages jetzt loszulassen.

Alles, was dich bisher belastet hat, ist in diesem Moment nicht mehr wichtig. Mach dir bewusst, dass die Geschehnisse nun der Vergangenheit angehören. Du sitzt (liegst) einfach nur da und genießt dein Ankommen im Hier und Jetzt. Und wenn doch ein Gedanke an die heutigen Geschehnisse in dein Gedankenfeld finden, erlaube dir, sie „von oben" zu betrachten – als „Beobachter" sozusagen. Bewerte die Geschehnisse nicht. Wie fühlt sich das an? Merkst du, dass alles aus der Vergangenheit keine Rolle mehr spielt?

38 | Manifestieren & Wunder erschaffen

Mit jedem Einatmen lasse tiefe Dankbarkeit, Ruhe und Zufriedenheit in dich hineinströmen. Und mit jedem Ausatmen lässt du allen Stress und die Unruhe los. Fülle dich an mit Gelassenheit und wohligen Gefühlen. Was auch immer dir widerfahren ist, bedanke dich bei deinem heutigen Tag. Auch wenn dies vielleicht nicht „der schönste Tag in deinem Leben" gewesen ist, bedanke dich für alle neuen Begegnungen und Erfahrungen, die du heute machen durftest. Bedanke dich für alle Aufgaben und die Lösungen, die zu dir oder durch dich kamen, für alle deine Entscheidungen. Bedanke dich für die Schönheit, die dir diese Welt immer wieder im Großen wie im Kleinen offenbart. Bedanke dich für die Liebe, die du heute geschenkt und die du heute erhalten hast – sei es durch Worte, Gesten oder einfach nur Blicke. Dann bedanke dich bei dir selbst für alles, was du heute getan hast. Spüre die Vollkommenheit, die du bist, trotz der Imperfektionen die wir im Alltag ab und zu erleben. Bedanke dich für dein gemütliches Zuhause, für deine Gesundheit und für die natürliche Fülle in deinem Leben und spüre auch die Dankbarkeit für die Freunde, die in deinem Leben sind.

Wie geht es dir nun? Hast du gespürt, wie das vermeintlich Negative immer mehr in den Hintergrund gerückt ist und Platz gemacht hat in dir für einen Raum voller positiver Gefühle? Gibt es nicht trotz Reibereien so viel Schöneres, worauf wir uns konzentrieren können? Die Dankbarkeit ist deine Liebeserklärung an das Leben. Wenn du sie bewusst in Deinem Herzen wiederfindest, erhöht sich deine Schwingung um ein Vielfaches; es öffnet sich die ganze wundervolle Welt für Dich und schenkt Dir das Gewünschte. Wir müssen nur lernen, unseren Blickwinkel immer auf das Positive zu lenken und Dinge, die uns aufregen, loszulassen.

Das Spannende daran ist, dass du diese Situation ja nicht tatsächlich erlebt hast, sondern einfach nur meiner Einladung zu dieser kleinen Seelenreise gefolgt bist. Trotzdem fühlst du dich nun besser! Ist es nicht erstaunlich, welche Macht unsere Gedanken haben?

Es gibt noch unzählige andere Beispiele für die Gedankenkraft und die Gedankensteuerung*. So ist es einem deutschen Forscher an der technischen Universität München bereits im Jahr 2013 gelungen, in einem Flugsimulator ganz allein durch Gedankenkraft einen Hubschrauber zu steuern. Außer ihm selbst steuerten noch weitere Probanden die Flugzeuge überraschend genau, sodass es sogar für einen Pilotenschein gereicht hätte! Im „Institute of Neural Engineering*" arbeiten außerdem andere Forscher daran, Roboter nur mit ihren Gedanken zu steuern. So möchten sie querschnittsgelähmten Menschen ein Stück Freiheit zurückbringen, indem diese mit ihren Gedanken z. B. ihre „Roboter"-Arme bewegen können.

Kapitel 5:

Emotionen = Energie in Bewegung

5.1 Was Gefühle mit dem Manifestieren zu tun haben

Nachdem wir uns bisher hauptsächlich die Wahrnehmung und das Denken angesehen haben, widmen wir uns nun einem weiteren wichtigen Aspekt, der einen großen Platz bei dem Gesetz der Anziehung einnimmt und auf deine Wahrnehmung und Gedanken folgt: das „Fühlen". Erst unser Gefühl bringt uns dazu, in die Handlung zu kommen. Und Handeln ist natürlich eine ganz besondere Form von Energie! Durch unser Fühlen erweitern wir unsere vorwiegend unsichtbare Energieblase und die damit verbundenen Frequenzen. Dies ist besonders wichtig, wenn wir unser Traumleben manifestieren wollen.

Sicher sind dir beide Begriffe bekannt, aber weißt du eigentlich, wo der Unterschied liegt? Lass uns erst einmal den Begriff „Emotion" ein wenig auseinandernehmen:

Eine Emotion entsteht als Resultat chemischer Reaktionen im Körper und beinhaltet zum einen die Gefühle, die wir fühlen und zum anderen die körperliche Reaktion durch diese Gefühle, wie beispielsweise Lachen oder Weinen. In vielen Fachzeitschriften wird die Emotion (E-Motion) gleichgestellt mit „Energy in Motion". Das Wort „Motion" bedeutet im Englischen „Bewegung". Diese Emotionen sind in stetiger Veränderung und können sich – je nach Umstand – verändern. Emotionen sind Energieschwingungen und unsere Emotionen lenken unsere Aufmerksamkeit auf Dinge, die wir in unserem täglichen Leben anziehen. Wie alles auf der Welt existieren Emotionen in zwei Polaritäten: Positiv; Negativ; Liebe und Angst u.s.w.

Doch wie genau entstehen diese Emotionen?

1. Eine Situation tritt ein, die du mit deinen Sinnen wahrnimmst und in welcher etwas Bestimmtes geschieht. Beispiel: Du stehst am Küchenfenster und schaust hinaus, um nach deinen Kindern zu sehen, die gerade vorm Haus Ball spielen. Plötzlich fliegt der Ball in hohem Bogen auf die stark befahrende Straße...

2. Die Situation wirft Gedanken hervor: Sofort setzt bei dir das Kopfkino ein und du siehst vor deinem inneren Auge, dass eines der Kinder, ohne zu überlegen, dem Ball hinterherjagt und auf die Straße rennt. Das Szenario verselbständigt sich und als nächstes taucht in deinen Gedanken ein Fahrzeug auf, dass den Jungen nicht sofort sieht (parkende Autos...) und nicht rechtzeitig bremsen kann und das Kind „erwischt".

3. Aufgrund dieser Gedanken entsteht eine physiologisch-chemische Reaktion im Gehirn: Diese negativen Gedanken lösen bei dir ein Stechen im Herzen aus und schnüren dir regelrecht die Kehle zu und Schweißperlen bilden sich auf deiner Stirn.

4. Gefühle werden hervorgerufen: Du bekommst Panik und empfindest eine lähmende Angst.

5. Diese Gefühle rufen automatisch weitere Gedanken ähnlicher Art hervor, die wiederum weitere chemische Reaktionen bewirken. Wenn du deine erste Reaktion – also deine ersten Gedanken in dieser bestimmten Situation nicht unter Kontrolle hast – bestimmten deine eigenen Gefühle den weiteren Verlauf einer Situation und die Emotionen (gut oder schlecht) verstärken sich durch die chemischen Prozesse noch weiter.

6. Auch deine Körperhaltung, deine Mimik und dein Puls verändern sich durch dieses Kopfkino. Diese körperliche Veränderung gehört auch zu der Definition der Emotion.

Die ausgelösten Gefühle, beispielsweise wie eben beschrieben, bewirken, dass eine Situation entweder noch schlimmer oder noch besser wird. Da wir allerdings meist „auf Autopiloten" durch unseren Alltag gehen und bisher leider eher negative Gedanken fühlen, verstärken die schlechten Gefühle sich immer mehr und werden, wenn wir diesen Zustand nicht bewusst ändern, zu unserer Normalität. Auf diese Weise manifestieren wir auf niedriger Frequenz auch negative Dinge.

Unsere Gedanken sind individuell und subjektiv, dementsprechend auch die dazugehörigen Emotionen. Je nach unseren Erfahrungen und Glaubensmustern können wir eine Situation individuell bewerten, dabei haben wir die Möglichkeit, die besagte Subjektivität dafür nutzen, dass unsere Gedanken die Dinge zum Guten verändern können.

30% unserer Gedanken sind mit Gefühlen, und inneren Bildern verbunden, gute sowie schlechte. Dadurch sind sie mit Hormonen und Neurotransmittern verknüpft. Dies löst ein unangenehmes Gefühl aus wie Stress oder Angst (= niedrige Frequenz). Ein gutes Gefühl hingegen, nehmen wir hier als Beispiel die Hoffnung oder Dankbarkeit, setzt Oxytocin frei, ein Hormon, das im Gehirn gebildet wird, genauer gesagt vom Hypothalamus. Oxytocin wird auch als Bindungs-, Lust oder Kuschelhormon bezeichnet. Sowohl bei Frauen als auch bei Männern ist dieses Hormon von herausragender Bedeutung in zwischenmenschlichen Beziehungen, selbst bei Babys wird es schon gebildet. Spüren wir nun also Dankbarkeit, führt Oxytocin zur Senkung unseres Cortisolspiegels (Cortisol - auch Hydrocortison oder Hydrokortison genannt, ist ein Stresshormon). Du gehst aus dem Überlebensmodus hinaus und kannst dich auf andere, positive Dinge konzentrieren (= hohe Frequenz), die deinen Fokus mehr benötigen, um kreativ und schöpferisch tätig zu sein.

Du erkennst somit, welche Kräfte tatsächlich in dir stecken. Egal, ob wir uns etwas gedanklich vorstellen und durch den Gedanken allein ein negatives Gefühl auslösen oder etwas im außen passiert, was uns negativ prägt: Es werden Stresshormone (Adrenalin und Cortisol) ausgestoßen, um in dieser „Gefahr" überleben zu können, auch durch alleinige Gedanken und Vorstellungskraft, wenn etwas gar nicht real passiert. Durch den Überlebensmodus und das dazugehörige Stressgefühl konzentrieren wir uns automatisch auf die äußeren Reize. Wie schon vor tausenden von Jahren, setzt bei uns der „Fluchtmodus" ein, denn schon damals mussten die Menschen schließlich von einem Raubtier fliehen. Du siehst also, wie enorm wichtig es ist, dass wir mit unseren Sinnen extrem gut aufpassen. Nach einer Weile ging dieses Stressgefühl zur damaligen Zeit wieder zurück, sobald die Gefahr erloschen war. Doch heutzutage ist dies leider nicht der Fall. Schon eine Email, ein Brief, ein bestimmter Mensch lösen durch unser Ego dieses bedrohliche Gefühl ebenso schnell wieder aus. Es kommt sogar vor, dass es Menschen gibt, die regelrecht süchtig nach diesen Gefühlen sind, da sie sich durch den gleichbleibenden Alltagstrott und dieselben Routinen immer stärker im Gehirn vernetzen. Dies stellt bei heutigem Stress und negativen Gefühlen eine Abwärtsspirale dar. Daher ist es unerlässlich, dass wir für das Manifestieren unsere Emotionen unter Kontrolle haben.

Der oben beschriebene, negative Zustand kann, so wir ihm nicht „Herr" werden, chronisch werden und hat gesundheitliche, negative Folgen:

6. der Herzschlag wird schneller,

7. die Atemfrequenz steigt,

8. die Muskeln spannen sich an,

9. die Pupillen werden weiter und

10. der Blutdruck steigt.

Wir sind mit der Außenwelt und unseren bekannten Emotionen dermaßen verknüpft, dass unserem Gehirn gar keine Zeit mehr bleibt, neue, positive Emotionen und gute Energien zu erschaffen, die nicht an die Vergangenheit geknüpft sind. Demnach können wir in unserem Energiefeld nicht „höher" vibrieren und ziehen auch immer wieder dieselben Dinge in unser Leben. Wir umgeben uns täglich mit demselben Umfeld und landen so in einem Teufelskreis, den es zu durchbrechen gilt, wenn wir das Gesetz der Anziehung erfolgreich für uns nutzen wollen.

Aus der Physik kennen wir, dass sich Atome, die die gleiche Energie und Information teilen, in ein Molekül zusammenschließen. Und da wir im Feinstofflichen ebenfalls alle aus Atomen bestehen, ziehen wir auch gleiche Personen mit denselben Emotionen, Energien und Gedanken an, was bei gelebter Negativität und schlechten Emotionen natürlich tückisch ist. Du kannst dir gewiss vorstellen, dass unsere Gedanken die Sprache des Gehirns und unsere Gefühle die Sprache des Körpers sind. Dementsprechend ist jede Verfassung, in der wir uns gerade befinden, ein Produkt aus unserer Vergangenheit. Wenn wir also täglich die gleiche Routine haben, immer dieselben Leute um uns herum, immer wieder die gleichen Probleme, können wir uns auch nicht anders fühlen. Angst, Scham, Frustration, Trauer, all diese negativen Gefühle tauchen täglich immer wieder auf. Unser Leben wird sich nicht ändern, wenn wir stets dieselbe Routine pflegen. Je häufiger wir diese Routine durchführen, und meist geht dies in der Regel über Monate oder sogar Jahre, desto mehr führen wir diese auf Autopiloten aus. So konditionieren wir unseren Körper schon für die Zukunft und erschaffen aus unserer negativen Vergangenheit eine Zukunft, die wir uns so nicht wünschen (siehe dazu die bereits von mir genannte Quelle im 1. Kapitel oben - Dr. Joe Dispenza, Becoming Supernatural).

Um aus diesem Teufelskreis herauszukommen, bedarf es – wie schon mehrmals erwähnt -eines bewussten Beobachtens seiner Gedanken. Ein sehr gutes Tool, um dies zu bewältigen, ist die Meditation. Hier möchte ich ein gelungenes Beispiel anführen, das ebenfalls in der zuletzt genannten Quelle zu finden ist. Dr. Joe Dispenza hat 2016 folgendes herausgefunden: In einem seiner Workshops testete er 117 Personen und deren Immunsystem. Es wurden Speichelproben entnommen und die Teilnehmer mussten 3x täglich für 9 - 10 Minuten meditieren. Das Immunglobulin A hatte sich innerhalb von vier

Tagen um 49.5% erhöht. Normale Werte liegen zwischen 37 - 87 mg/dl. Bei dieser Testreihe hatten manche Teilnehmer sogar 100 mg/dl!

Dr. Bradley Nelson, international bekannter Experte und Dozent für Energieheilung, schreibt in seinem Buch „Der Emotionscode", dass er folgende Entdeckung gemacht hat: Es gibt sogar eine Mauer, die aus eingeschlossenen Emotionen besteht und nach emotionalen Verletzungen im Unterbewusstsein zum Schutz des Herzens aufgebaut wird. Wichtig ist also, seinem Selbst zu zeigen, dass das Herz seinen Schutz nicht mehr braucht und diese Herzmauer zu beseitigen.

Demzufolge befindet man sich nach der Bewusstseinsskala (nach Hawkins) auf der Skala unter „200", so ist man im Überlebensmodus, in dem das Ego mehr aktiv ist. Durch diesen Überlebensmodus denkt der Betroffene dann auch nicht: „Wie kann ich jemanden eine Freude machen?" sondern „Was brauche ich selbst gerade?" Daher befindet man sich im Mangelzustand. Wie du dir denken kannst, ist dieser Zustand (und die dazugehörige Energie) keinesfalls gut für das Manifestieren. Sobald jedoch bei uns der Mut einsetzt (hier ist der Skalawert über „200") steigt man aus diesem Zustand aus und die nur zum Überleben dienenden Emotionen kehren in den Hintergrund. Im Bewusstsein ab 200 schwingt man höher und kann besser empfangen. Vor allem liebevolle Gedanken, die aus dem Herzen kommen (Liebe, Mitgefühl, Dankbarkeit und Barmherzigkeit etc.) erzeugen mit den dazugehörigen Gefühlen ein starkes, elektromagnetisches Feld (siehe hierzu Kapitel 2.3 Die Herzkohärenz) und ist für das Manifestieren wie ein Schwamm, welcher Wunder regelrecht aufsaugen kann.

Kapitel 6:

Achtsamkeit und die Illusion der Zeit

Die letzten Kapitel haben Aufschluss darüber gegeben, dass hohe Schwingungen und ein hohes Energielevel der Schlüssel zur Manifestation sind und warum das ständige, negative Denken leider sehr häufig vorkommt. Dies wiederum bedeutet, dass wir stets achtsam mit uns sein sollten. So können wir den Zugang zu unserem Bewusstsein finden und unsere Gedanken und Gefühle immer wieder umlenken. Durch Bewusstheit und die Beobachtung unserer Gedanken, Gefühle usw. können wir den Teufelskreis des Autopiloten und der unbewussten Gefühle durchbrechen und daraufhin tatsächlich erst manifestieren und unser Leben zum besseren ändern. Wir können erkennen, was wir wirklich wollen und was in unserem Alltag dafür zu ändern ist.

Das Bewusstsein mit dem eigenen Verstand zu erfassen ist nicht leicht, da das Bewusstsein – im Vergleich zum Ego - endlos und unendlich erweiterbar ist. So kannst du dir auch dein eigenes Bewusstsein vorstellen: es ist endlos und du kannst es jederzeit für deine eigenen Zwecke nutzen. Du kannst alles sein, was du sein möchtest, du musst lediglich darauf zugreifen können. Achtsamkeit ist hier ein sehr gutes Tool, damit du dich im Hier und Jetzt bewusstwirst. Das Bewusstsein, wie wir es kennen, ist dabei nach innen gerichtet. Achtsamkeit dagegen ist nach außen gerichtetes Bewusstsein; ein Bewusstsein mit und in allen Sinnen.

Also manifestieren wir somit schon seitdem wir auf dieser Welt sind; vielleicht unbewusst, jedoch ist alles, was wir bisher erschaffen haben, das Ergebnis unserer dauerhaften Manifestationen. Wichtig ist es somit, ab sofort aus dem BEWUSSTSEIN zu erschaffen und nicht aus unseren programmierten Autopilot-Gedanken, dem gleichbleibendem Alltag und denselben Handlungen.

Wie bei vielen anderen Begriffen gibt es auch bei dem Wort „Achtsamkeit" verschiedene Definitionen. In meiner persönlichen Wahrnehmung und auch in meinem Beruf bedeutet „achtsam sein", den gegenwärtigen Moment bewertungsfrei und bewusst wahrzunehmen. Wobei „bewusst" für mich bedeutet, dass wir uns entscheiden, unsere Aufmerksamkeit absichtlich auf den gegenwärtigen Moment zu lenken. Wir lassen uns also nicht ablenken und schweifen mental auch nicht ab. Der „gegenwärtige Moment" wiederum beinhaltet für mich auch die eigenen Gefühle, Gedanken und die Umgebung, in die wir eingebettet sind, also das ganze Spektrum des „Hier und Jetzt". Nehmen wir diesen gegenwärtigen Moment bewertungsfrei wahr, so registrieren wir zwar die Bewertungen, welche geschehen, wie beispielsweise „das ist ein unangenehmer Moment", gehen jedoch nicht weiter darauf ein, sondern bleiben offen für das, was der Moment sonst noch für uns bereithält. So treten wir aus dem „Autopiloten-Modus" heraus, aus dem durch unsere Bewertungen und Gedanken automatisch Handlungen erfolgen.

Die Bedeutung von Achtsamkeit wird dann wichtig, wenn wir uns vor Augen führen, dass wir bisher die meiste Zeit leider nicht achtsam waren, nicht im Hier und Jetzt und nicht im gegenwärtigen Moment. Meistens sind wir mit den Gedanken an einem anderen Ort als der, an dem wir uns gerade befinden – in der Vergangenheit oder in der Zukunft. Oft sind wir auch gedanklich nicht bei dem, was wir gerade tun. Und häufig sind wir auch nicht offen gegenüber dem, was wir erleben, sondern bewerten das Erlebte unverzüglich. Unser Geist wandert also kontinuierlich umher und bewertet dabei alles, was ihm widerfährt (Jon Kabat-Zinn*).

Doch nun die gute Nachricht: Im Prinzip ist die Achtsamkeit jedoch wie ein „Gehirn-Muskel", denn wie einen Muskel in deinem Körper kannst du auch die Achtsamkeit trainieren: Unzählige Studien beweisen die Effektivität von Achtsamkeit. Durch sie erlangen wir mehr Zufriedenheit in unserem Leben; halten den Fokus auf das, wir wirklich wünschen, arbeiten weitaus effizienter, leiden viel weniger unter Depressionen und Ängsten; achtsame Menschen haben weniger Burnout, genießen einen besseren Schlaf, erfahren ein besseres allgemeines Wohlbefinden und holen viel mehr Kreativität und Glück in ihr Leben. Das habe ich am eigenen Leibe erfahren dürfen!

Durch unsere Achtsamkeit und das im-Hier-und-Jetzt-Sein überwinden wir die Zeit, welche uns sonst immer in die Vergangenheit oder Zukunft schickt. Zeit und Raum sind keine tatsächlichen Gegebenheiten, sondern lediglich Hilfsstrukturen, die wir für das Erkennen von Gegenständen, für unsere Orientierung und die Erinnerung benötigen. Die Vorstellungskräfte unseres Geistes sind täuschend echt, sodass wir sie in der Regel mit der Wirklichkeit verwechseln und uns zu sehr damit identifizieren. Zeit und Raum sind also eine Illusion. Wenn du dich einmal mit Einsteins Relativitätstheorie vertraut gemacht hast, kannst du diese Erkenntnis entsprechen davon ableiten. Einfach ausgedrückt bedeutet dies, wenn wir etwas tun, was uns Freude macht, vergessen wir die Zeit und Stunden fühlen sich wie Minuten an. Warten wir jedoch bei Eiseskälte an der Haltestelle auf den nächsten Bus oder hungrig im Restaurant auf unser Essen, fühlt sich jede Minute wie eine Stunde an!

Was lehrt uns das? Die einzige, unwandelbare Wirklichkeit ist nicht die Welt der Materie, sondern allein unser ewiges, bewusstes Selbst. Wie du also anhand der letzten Kapitel erkennen konntest, ist es unerlässlich, dass du achtsam mit dir selbst und deinem Bewusstsein bist und aus dem täglichen „Autopilot" und unbewusstem Handeln herauskommst, damit du deine Gedanken und Gefühle bewusst steuern kannst und die gewünschte hohe Energiefrequenz bewusst aussendest.

Das, was wir mit bestimmten Situationen assoziieren, sind Menschen, Orte oder Dinge, die in einer bestimmten Zeit an einem bestimmten Ort sind oder waren. Der einzige Ort, an dem diese Erfahrung noch existiert, ist jedoch in unserem Gehirn. Wenn wir einen bestimmten Gedanken denken oder eine Erinnerung gedanklich hochkommt, findet eine biochemische Reaktion statt, die das Gehirn veranlasst, bestimmte chemische Signale freizusetzen. Somit werden immaterielle Gedanken zu Materie, zu chemischen Botenstoffen. Dadurch fühlt man sich so, wie man fühlt, je nachdem, ob es positiv oder negativ ist – unabhängig davon, ob es der tatsächlichen Gegenwart oder Realität entspricht. Ich hoffe du merkst nun immer mehr, wie stark die Kraft deiner Gedanken ist! Wichtig ist also, aus der Routine herauszukommen und offen sein für das Unbekannte, das bereits fröhlich und voller Liebe auf uns wartet!

Wer kennt es nicht? Du gehst morgens zur Arbeit und allein schon bei dem Gedanken daran, dass dort bereits schon die weiter oben erwähnte zickige Kollegin dort treffen wirst und dein Chef wieder seine schlechte Laune an dir auslässt, dreht es dir buchstäblich den Magen um. Doch du denkst dir: „Was soll's? Ich muss ja ins Büro, um Geld zu verdienen und meinen Lebensunterhalt zu verdienen." Ist das wirklich so? Musst du deswegen all das Negative „auf dich nehmen"? Was geschieht mit dir, wenn du jeden Tag aufs Neue immer wieder diese unguten Gedanken und Gefühle in dir aufkommen lässt? Ganz einfach: diese negativen Gedanken und Gefühle schwächen dich, ziehen deine Energie und deine Schwingung sinkt rapide. Anders ist es, wenn Du deinem Tag bewusst mit einem frohen Lächeln begegnest, gleich am Morgen eine schöne Dankbarkeitsmeditation durchführst und dich darauf freust, die kommenden Stunden mit wundervollen, inspirierenden Menschen verbringen zu dürfen, die dein Leben noch bereichern. Die Freude selbst und die positive Energie, die diese Menschen und Begegnungen bei dir auslösen, stärken dich und erhöhen deine Schwingung um ein Vielfaches. Durch Achtsamkeit im jetzigen Moment schalten wir bewusst Gedanken der Vergangenheit und Zukunft aus und können ebenso bewusst unser Leben neu kreieren. Die Kraft liegt im Moment. Daher ist es wichtig, bewusst die Zeit zu überwinden, damit wir wieder gedanklich Platz machen für Neues und Besseres, was im Überlebensmodus nicht möglich ist.

Ohne das nötige Bewusstheit leben wir tagtäglich im Modus „Autopilot", das heißt, dass wir auch immer auf derselben Frequenz und Bewusstseinsebene sind, da die Gedanken eine chemische Reaktion auslösen, welche zu einer Emotion führt, wie es weiter oben ja schon bereits erklärt wurde. Dieser Vorgang erzeugt magnetische Ladungen. Unsere Emotionen und die magnetischen Ladungen verschmelzen ineinander und erzeugen ein elektromagnetisches Feld, welches dem jetzigen Seinszustand entspricht und wichtig ist für das Manifestieren.

Doch auch die „Zeit" spielt in unserem Leben eine entscheidende Rolle und es gibt ein Sprichwort, das immer mal wieder gern zitiert wird, doch von vielen Menschen leider oft nicht richtig verstanden:

„Die Zeit vergeht schneller in den Bergen als am Ozean."

Zeit ist nicht gleich Zeit. Dass auf dem Boden die Uhren für uns langsamer ticken als in der Höhe, liegt am Effekt der „Gravitativen Zeitdilatation". Wer schon einmal in den Bergen wandern war, kennt das: Die Uhren laufen hier anders. Aber ist das nur ein Gefühl oder geschieht dies tatsächlich? Möglicherweise ist dieser Effekt vor allem ein psychologischer.

Einem Forscherteam ist der Nachweis gelungen, dass Wanderer in den Bergen schneller altern als im Tal. Doch auch physikalisch, das haben Forscher gezeigt, ticken die Uhren in großer Höhe anders. Wer in einer Höhe von 1000 Metern wandert, altert im Vergleich zu seinen Freunden, die vielleicht gerade zur gleichen Zeit am Meer Urlaub machen, um knapp eine Millionstel Sekunde schneller. Den Grund für dieses Phänomen liefert die Relativitätstheorie Albert Einsteins, auf die wir weiter oben bereits eingegangen sind. Aber auch weltbekannte Autoren wie Ligang Song* u.a. widmeten sich diesem Phänomen in ihrer Abhandlung „Heart-Focused Attention and Heart-Brain Synchronization: Energetic and Physiological Mechanisms". Der italienische Schriftsteller Carlo Rovelli* hat hier eine ganz eigene Auffassung zu der Thematik. Er vertritt in seinem Werk „The Order of Time" (die Ordnung der Zeit) die Auffassung, dass es uns immer dorthin zieht, wo die Zeit am langsamsten vergeht.

Wir wissen, dass die Vergangenheit und die Zukunft sich voneinander unterscheiden. Ein zerbrochenes Glas kann nicht wieder in das ursprüngliche, „heile" Glas zurück geformt werden, wir können die Vergangenheit nicht ändern. Dies kann uns eventuelle Kopfschmerzen und Schmerz bereiten. Jedoch ist die Zukunft ungewiss und kann von uns mit Bewusstsein und Manifestation kreiert und neu erschaffen werden. Wir sollten also den vergänglichen Schmerz als Erfahrung einstufen, um somit zu wissen, was wir tatsächlich wollen (unser Traumleben) und was nicht.

Dr. Joe Dispenza sagt, dass der Raum in unserer dreidimensionalen Wirklichkeit unendlich ist, im Quantenfeld ist jedoch die Zeit unendlich. Die Zeit im Quantenfeld ist nicht mehr linear und es gibt keine Trennung mehr zwischen der Vergangenheit und der Zukunft. Um in das Quantenfeld eintauchen zu können, ist es unerlässlich, dass wir bewusst im HIER UND JETZT sind. Hier ist unsere Achtsamkeit gefordert, denn dann gibt es weder Vergangenheit oder Zukunft. Mögliche Sorgen, die wir haben und die sich auf unsere Vergangenheit oder Zukunft beziehen, können wir durch das Ausblendung von Zeit und durch unseren Fokus auf das JETZT verschwinden, was für die Erschaffung positiver Schwingungen für die Manifestation von hoher Bedeutung ist. Erst dann können wir uns bewusstwerden, dass es auch andere Frequenzen gibt. Zu jeder Zeit gibt es im Quantenfeld unendliche viele Möglichkeiten, also auch genau jetzt.

Fazit: Achtsamkeit ist ein wichtiges Tool zum Manifestieren!

Wir erkennen, dass alles Energie ist und mit den uns zur Verfügung stehenden Tools alles möglich ist, wenn wir in der richtigen Energiefrequenz schwingen und mit Achtsamkeit den jetzigen Moment mit seinen unendlichen Möglichkeiten zum Gestalten nutzen. Es reicht jedoch nicht aus, sich sein Traumleben nur zu wünschen, sondern wir müssen dafür auch aktiv einige Schritte befolgen, wie weiter oben bereits erläutert.

Im nächsten Teil des Buches gebe ich dir ein Konzept an die Hand, mit dem du mit nur 15 Minuten Aufwand am Tag deine gewünschten Ziele erreichen und deine Herzenswünsche erfüllen kannst. Öffne dich auch weiterhin für die Magie in deinem Leben. Auch große Wunder sind machbar, sie dauern vielleicht nur etwas länger. 😊

48 | Manifestieren & Wunder erschaffen

Die Powerpraxis

Kapitel 7:

Dein Wunder-Wunschjournal für fantastisch formulierte Ziele an das Universum

Glückwunsch, du bist nun im Praxisteil angelangt und hast alle wichtigen Basics erlernen können. Bevor es an deinen 15-Minuten Glückskompass geht, werde ich dir schrittweise alle wichtigsten Tools und Tipps vorstellen, die dein Verständnis und die Übung für das richtige Manifestieren noch verstärken. Ich empfehle dir, dich chronologisch bis zum Glückskompass durchzuarbeiten.

Um deine Wünsche zu manifestieren, solltest du dir erst einmal Gedanken darüber machen, was du in deinem Leben erreichen möchtest. Viele Menschen wissen meist sofort, was sie NICHT wollen, doch hier geht es um die Frage, WAS du willst und warum. Spüre nach, was tatsächlich wichtig für dich ist, deinen Werten entspricht und hinterfrage auch, welche Gründe dahinterstecken. Dem Universum ist es vollkommen gleich, ob du nun kleine oder große Wünsche äußerst. Es gibt dabei auch kein zu viel, zu groß oder zu teuer. Unser Bewusstsein ist unendlich groß und genauso dürfen es auch unsere Wünsche sein, die wir manifestieren wollen.

Das erste, was dir vielleicht in den Sinn kommt, ist: „glücklich sein!". Ja, wahrlich ein frommer Wunsch, doch ganz so simpel ist es dann doch nicht, denn zum Manifestieren braucht es ein klares Bild vor Augen und ein erhabenes Gefühl im Herzen. Denn sonst kann es sein, dass dir das Universum einfach ein Schokoladeneis liefert, falls dich das glücklich macht. 😊 Wenn du dies einmal verstanden hast und umzusetzen vermagst, kann es auch schon losgehen. Aber Achtung: da das Gesetz der Anziehung wirklich sehr verlässlich funktioniert, solltest du dir vorher auf jeden Fall bewusst sein, was du auch wirklich im Leben möchtest und ob dich der jeweilige Wunsch bzw. dessen Erfüllung dich wirklich „erfüllen" wird. Als Unterstützung dient hier der sogenannten Werte-Finder, auf den ich hier im Praxisteil näher eingehen werde. Dieser ist mir bei unzähliger Beratung immer sehr nützlich gewesen und wird auch für dich gewiss eine große Unterstützung sein.

7.1 Der innere Kern - Finde deine wahren Herzenswerte

Wie schon öfter angedeutet, ist es von besonderer Wichtigkeit, dass du dir vor deiner Manifestation erst einmal im Klaren darüber bist, was deine wahren Herzenswünsche sind. Nur dann können die dann erreichten Ziele auch zu 100% deinen Vorstellungen entsprechen.

Nachfolgend findest du eine Auflistung verschiedener Eigenschaften und Themen im Leben, die dich vermutlich mit Glück erfüllen könnten. Kreuze hier bitte alle Werte an, die dich berühren und vermerke jeweils dahinter (bei einer Skala von 0 bis 10), wie stark das jeweilige Thema in deinem Leben präsent ist: 0 = gar nicht, 10 = würde dich vollständig mit Glück erfüllen. Taucht ein Thema auf, dass dein Herz bereits vollständig erfüllt und du absolut zufrieden mit dem Ist-Zustand bist, so brauchst du es auch nicht anzukreuzen. Wir wollen uns nun einmal auf die Defizite konzentrieren, die du erst noch für dein Traumleben manifestieren möchtest. Oft gibt es bei dem einen oder anderen Bereich „noch Luft nach oben", daher beleuchten wir auch diese weiter.

Wenn du dich nun an die Liste machst, nutze bereits dein Wissen über das Fühlen, um dir deiner Entscheidung jeweils ganz sicher zu sein. Wie wichtig ist dir z. B. eine „Partnerschaft"? Was genau erhoffst du dir und wie fühlst du dich dabei, wenn du an den „idealen Partner" denkst. Gern kannst du dazu Bilder vor deinen inneren Augen entstehen lassen und nachspüren, wie wichtig und richtig es sich anfühlt.

Kreuze bitte folgende Werte an, die dich mit Glück erfüllen:

O	Abenteuer	O	Gemeinschaft
O	Abwechslung	O	Genauigkeit
O	Achtsamkeit	O	Genuss
O	Anerkennung	O	Gesundheit
O	Annahme	O	Harmonie
O	Attraktivität	O	Heiterkeit
O	Ausdauer	O	Herausforderung
O	Beliebtheit	O	Hilfsbereitschaft
O	Besitz	O	Humor
O	Bestätigung	O	Immobilie
O	Bewegung	O	Individualität
O	Dynamik	O	Job
O	Einen Unterschied machen	O	Jugendlichkeit
O	Emotionale Gesundheit	O	Karriere
O	Erfindung	O	Kooperation
O	Erfolg	O	Kreativität
O	Fairness	O	Kultur
O	Familie	O	Leistung
O	Finanzieller Reichtum	O	Lernen
O	Freiheit	O	Liebe

Ein Gedanke entfernt vom Glück | 51

O	Freundschaft	O	Mode
O	Frieden	O	Musik
O	Führung	O	Mut
O	Nachhaltigkeit	O	Spielen
O	Natur	O	Spiritualität
O	Neugier	O	Spontanität
O	Ordnung	O	Sport
O	Persönlichkeitsentwicklung	O	Stabilität
O	Fantasie	O	Tiere
O	Partnerschaft	O	Toleranz
O	Physische Gesundheit	O	Tradition
O	Positivität	O	Treue
O	Privatsphäre	O	Verantwortung
O	Reisen	O	Weiterbildung
O	Religion	O	Wissenschaft
O	Risiko	O	Wohnraum / ein schönes Zuhause
O	Romantik	O	Zuverlässigkeit
O	Ruhe	O	_____
O	Schönheit	O	_____
O	Schutz	O	_____
O	Selbstbestimmung	O	_____
O	Selbstständigkeit	O	_____
O	Selbstverwirklichung	O	_____
O	Sexualität	O	_____
O	Sicherheit	O	_____
O	Sinn	O	_____

Und wie fühlst du dich gerade? Viele diese Themen können einen schon mal aufwühlen, nicht wahr? Wenn du diese Themenlisten in Ruhe und mit Sorgfalt bearbeitet hast, spüre doch einmal hinein, wofür du in deinem Leben am dankbarsten bist und was dich besonders glücklich macht oder gemacht hat.

Die Themen und Werte, mit denen du noch nicht zufrieden ist, beschreibst du nun bitte im Ist-Zustand in der Tabelle weiter unten. Notiere bitte ebenfalls, welche Themen und Werte dich derzeit in deinem Leben stören, bei denen du ein ungutes Gefühl hast und die deine Frequenz verringern, und die du ändern oder sogar ganz loswerden willst. Nimm dir dafür ruhig die vorherige Liste zur Hilfe mit den entsprechenden, niedrigen Skalenwerten (Beispiel: du hast „Partnerschaft" angekreuzt und den Wert „3" dahinter notiert, weil noch nicht erfüllt). Dies stellt dann den jetzigen Ist-Zustand dar, welcher in die Tabelle eingetragen wird. Auf diese Weise kommst du auch den „schlechten" Gefühlen auf die Spur und kannst diese, erst einmal erkannt, beseitigen. War deine letzte Beziehung nicht erfüllend, weil dein Partner untreu gewesen ist oder dich nicht unterstützt hat, kannst du dir z. B. zum Thema „Liebe" schon mal „Treue" und „Unterstützung" als Punkte notieren.

In der nachfolgenden Tabelle findest du ein Beispiel, wie du diese für dich anfertigen kannst. Hierbei kann der „IST-Zustand" ein unerfüllter Job sein, hier notierst du dann die Gründe, wieso: unflexible Arbeitszeiten, schlechte Bezahlung, usw.). Als Kontrast dann (SOLL-Zustand): erfüllter Job (WEIL: Homeoffice, Gehalt von … usw.), je mehr detaillierte Beschreibungen, desto besser! Und gerade zum Thema Geld solltest du jeweils die genaue Summe notieren, die dir vorschwebt. Und sollte dein Wunsch ein Auto sein, so beschreibe es in jedem Detail, dass dir wichtig ist: Fabrikat, Ausstattung, Farbe etc.

Gibt es Werte, die dir ebenfalls im Leben fehlen, aber nicht auf der obigen List vermerkt sind, so schreibe diese gern unten dazu. So wird dir immer deutlicher, was dir guttut und du kannst dann in positiven Sätzen deine Manifestationen formulieren. Wie die „richtigen" Manifestationssätze gebildet werden, erfährst du dann im nächsten Kapitel.

Die folgende Tabelle ist in Anlehnung an die bereits genannte Quelle von Michael J. Losier* entstanden und hat sich in der Arbeit mit meinen Kunden definitiv bewährt:

Themen oder Werte, die mich derzeit in meinem Leben stören oder die ich gerne erreichen möchte (Beispiel):

IST-Zustand

JOB & FINANZIELLE FREIHEIT:

Unerfüllter Job, WEIL: Unflexible Arbeitszeiten, schlechte Bezahlung von € ....

(Aus der Liste z. B. die beiden Werte „Job" und „Finanzielle Freiheit")

Wenn man aber noch nicht im Detail weiß, wie sein Traum genau aussieht, kann man auch folgendes schreiben:

Nicht alles leisten können, was man sich gerne kaufen würde (Wert „Finanzielle Freiheit" aus der Liste)

IMMOBILIEN UND WOHNRAUM:

Zu teure 2-Zimmer Wohnung mit einer Kaltmiete von ...€, die in einem lauten Stadtteil ist, unfreundliche Nachbarn, dunkles Wohnzimmer

(Aus der Liste z. B. die Werte „Immobilien" oder „Wohnraum")

SOLL-Zustand

JOB & FINANZIELLE FREIHEIT:

Traumjob, weil: Flexible Arbeitszeiten, Mindestgehalt von ... €

Usw.

<u>**Hier nun eine Liste für dich:**</u>

Themen oder Werte, die mich derzeit in meinem Leben stören oder die ich gerne erreichen möchte (Beispiel):

IST-Zustand

SOLL-Zustand

Kapitel 8:

Bye, Bye Selbstzweifel! – Mit magischen Affirmationen dein Unterbewusstsein auf dein Wunschleben transformieren

Kapitel 8.1 Formulierung der Affirmationen

Im vorigen Kapitel haben wir nun Klarheit geschaffen von dem, was wir gerne erreichen wollen. Nun ist es ausschlaggebend, diesen Zielen auch die richtige Aufmerksamkeit und Energie zu schenken. Dafür stelle dir wie im Theorieteil noch einmal vor, dass du immer eine unsichtbare Kugel um dich herumhast, die deine Frequenzen in sich trägt, welche du ständig und überall aussendest. Das Gesetz der Anziehung reagiert auf diesen für uns unsichtbaren Inhalt um uns herum. ALLES, was wir uns wünschen und noch nicht erreicht haben, ist jetzt im IST-Zustand und somit außerhalb der Frequenzen unserer Kugel. Da unsere Gedanken, Worte und Taten die Gefühle formen, die dann schlussendlich unsere Energiefrequenz bilden, müssen wir gezielt an unserer Wortwahl arbeiten und uns präzise auf unsere Träume konzentrieren. ALLE GEDANKEN, denen wir Aufmerksamkeit schenken, egal ob negativ oder positiv, beeinflussen unsere Energieblase umgehend und durchgehend, dies bedeutet: Egal ob du dich beschwert fühlst, traurig bist oder dich freust, hat unmittelbaren Einfluss auf deine Energie und ist daher sorgfältig bewusst zu wählen. So ist es äußerst wichtig, dass du deine Gedanken und Gefühle bewusst identifizierst und ggfls. entsprechend umlenkst.

Vielleicht hast du selbst schon das eine oder andere Mal positive Affirmationen ausprobiert, aber es einfach nicht geholfen hat. Erinnere dich daran, dass das Gesetz der Anziehung nicht funktioniert, weil du dir etwas einredest, sondern weil du das, was du in deiner Affirmation aussprichst, auch tatsächlich FÜHLEN musst.

Nachfolgend gebe ich dir nun ein paar Tipps, die du vor dem Aufschreiben deiner Affirmationen beachten solltest:

Vermeide Aussagen wie: „Ich bin perfekt", „Ich bin Milliardär", „Ich habe einen perfekten Partner", „Ich bin top gesund und habe einen perfekten Körper", wenn du nicht selbst daran glaubst. Ansonsten empfindest du diese Sätze als Lüge und du sendest somit automatisch negative Energien und Zweifel in die Energieblase aus. Dies ist der Grund, warum positiv formulierte Affirmationen auch schon mal negative Schwingungen auslösen: Selbstzweifel erhöhen sich und die innere Stimme sagt „Das stimmt ja gar nicht, ich bin kein Millionär" usw.

Was also solltest du tun, damit du richtig manifestierst? Hier gebe ich dir einige Beispiele, wie Affirmationen korrekt zu formulieren sind:

56 | Manifestieren & Wunder erschaffen

1. Ich bin gerade dabei, eine 3-Zimmer-Wohnung mit einer maximalen Kaltmiete von …€, im Stadtteil … neben meinem Lieblingspark zu finden. Es ist ein gutes Gefühl zu wissen, dass diese freundlichen, ruhigen Nachbarn, ein lichtdurchflutetes Zimmer und… qm hat.

2. Es ist ein gutes Gefühl zu wissen, dass ich gerade auf dem Weg bin, meinen Traumjob zu finden, welcher mich von zu Hause arbeiten lässt, eine Bezahlung von mindestens €… Netto hat und mich selbst entscheiden lässt, wann ich wie arbeite. Es fühlt sich gut an, dass ich auf dem Weg bin, mir dann alles leisten zu können, was ich kaufen möchte.

Wichtig ist, dass die Affirmationen sich für dich richtig, also WAHR und sich GUT anfühlen, denn nur so erhöhst du deine Energie (Formulierung in Anlehnung an Michael J. Losier*).

Du kannst gerne auch andere Formulierungen wählen wie z.B.:

„Es ist ein schönes Gefühl, dass…"

„Ich habe entschieden, dass..."

„Es ist aufregend zu wissen, dass…"

„Ich liebe es zu sehen, wie ..."

„Der Gedanke, dass … macht mich glücklich"

„Ich liebe die Idee, … zu haben"

Wichtig ist es, dass es sich für dich richtig ANFÜHLT und du dir selbst beim Aussprechen der Affirmationen glaubst.

Eventuell kommt es vor, dass du trotzdem noch Zweifel bei der Umsetzung spürst. Dies kann durch negative Glaubenssätze kommen. Trotzdem solltest du dir all deine Wünsche beibehalten, denn für das Universum gibt es kein zu groß! Du kannst jedoch die Formulierung, wie soeben beschrieben, anpassen und schauen, was dir am besten gefällt. Und um die Glaubenssätze aufzulösen, die dir nicht mehr dienlich sind, findest du im nächsten Kapitel die entsprechende Hilfestellung. 😊

Solltest du noch keine Details für ein großes Ziel vor Augen haben, kann es helfen, dieses in kleinere Schritte aufzuteilen, damit du es besser fühlen kannst.

Kapitel 8.2 Behandele deine persönlichen Wunder wie ein Schatz

In diesem Abschnitt gebe ich dir weitere hilfreiche Tipps an die Hand, die in Anlehnung aus dem Buch „It works" von R.H. Jarrett* (1991) entstanden sind und mir sowie meiner Kunden bei der richtigen und erfolgreichen Manifestation enorm geholfen haben:

1. **Sei dir wirklich sicher, was du möchtest und warum.** Je detaillierter und klarer dein Ziel ist, desto besser wird es sich manifestieren. Vor allem glaube daran, dass das Ziel (dein SOLL-Zustand) erreicht wird und stell dir vor, dass es schon auf dem Weg zu dir ist oder besser noch, dass du es bereits erreicht hast! Deine Gefühle sind der Motor, der deine Affirmationen wahr werden lassen! Schreibe deine Ziele am besten nochmals auf, sodass du deine Aufmerksamkeit intensiver zentrieren kannst. Das Herunterschreiben hilft deinem Unterbewusstsein außerdem, die Wünsche noch stärker einzuspeichern. Am besten wäre es, wenn du dir extra für das Manifestieren und Aufschreiben einen eigenen Block neben diesem Buch und einen Stift besorgen könntest, nur für deine ganz persönlichen Ziele und Wünsche. Stell dir beim Niederscheiben deiner Ziele vor, dass das Papier das Bewusstsein des Universums und die Tinte deines Kugelschreibers dein Unbewusstes darstellt. Mache dies achtsam und bewusst. Während du deine Ziele niederschreibst, kommen deine unbewussten Ziele auf ein kreierendes Medium, welches deine Ziele Wirklichkeit werden lässt.

2. **Lese deine Ziele 3x täglich durch** – morgens, mittags und abends. So kannst du deinen Fokus immer wieder richten, deine Intention stärken und noch weiter in das Unterbewusstsein verankert werden. Integriere das Lesen deiner Ziele in deine tägliche Routine und frage dich immer wieder, ob deine aktuelle Handlung dich zu deinen Zielen weg- oder näherbringt.

3. **Behalte deine Ziele und Intentionen ganz allein für dich.** Wenn du diese mit Freunden teilst, könnten sie an deinen Zielen zweifeln, diese unrealistisch finden oder diese hinterfragen. Das würde dich eventuell unsicher machen und würde daraufhin deine unsichtbare Energieblase negativ beeinflussen. Bedenke: Das sind ihre Grenzen, nicht deine!

4. **Wenn deine Affirmation funktioniert hat, dann zeige für das Resultat größte Dankbarkeit und nutze das Gefühl der Dankbarkeit, um deinen Glauben noch weiter zu festigen.** Man kann nicht gleichzeitig dankbar und unglücklich sein. Du musst dir keine Gedanken darüber machen und analysieren, wie deine innere Power deine Herzenswünsche für dich erfüllen wird, das wird das Universum für dich ganz allein entscheiden! Dies bedeutet, dass du vertrauen musst, da Zweifel deine Energiefrequenz sinken. Bleib also im Vertrauen, freue dich auf das Unbekannte und erhöhe somit deine Frequenz.

Kapitel 9:

Auch du verdienst das Beste, versprochen! – Limitierende Glaubenssätze beseitigen

Wie bereits angesprochen, kann dein Manifestieren auch daran scheitern, dass du noch tief verankerte negative Glaubenssätze in dir trägst. Damit du verstehst, was damit gemeint ist, möchte ich dir jetzt einige Beispielsätze vorstellen und wie sie sich eingeschlichen haben könnten:

„Ich bin es nicht wert, geliebt zu werden." Deine Eltern haben dir beispielsweise zu wenig Liebe gezeigt und deshalb gehst du davon aus, dass dich nie jemand lieben wird, wenn sie es schon nicht tun.

„Ich bin nicht gut genug." Dein Umfeld hatte stets unmöglich hohe Erwartungen an dich, die du nicht erfüllen konntest. Selbst wenn, dann hast du kein entsprechendes Lob erhalten. Dadurch hast du abgeleitet, dass du für nichts gut genug bist.

„Kreativität liegt nicht in meiner Familie, ich kann kein Künstler werden." Deine Verwandtschaft legt persönlich nicht allzu viel Wert auf Kunst und setzt ihre Prioritäten anderweitig, weswegen sie dich auch dazu bringen wollten, davon abzulassen. Daraufhin hast du geglaubt, dass du es einfach nicht kannst, weil der Rest deiner Familie auch nicht allzu gut darin ist – obwohl das rein gar nichts damit zu tun hat und du auch der talentierteste Zeichner persönlich sein könntest.

„Das ist doch ein Frauen-/Männerberuf. Das kann ich nicht so gut, ich suche mir lieber etwas anderes." Geschlechterrollen sind innerhalb unserer Gesellschaft immer noch weit verbreitet, weswegen es noch einige Berufsfelder gibt, in denen ein bestimmtes Geschlecht besonders häufig vertreten ist und jeder andere automatisch als weniger geeignet angesehen oder kritisch beäugt wird. Dennoch haben diese Erwartungen nichts damit zu tun, wie qualifiziert jemand für eine Aufgabe ist. Weitere Beispiele zu negativen Glaubenssätzen sind:

Finanzen: „Ich werde es nie schaffen", „Geld macht nicht glücklich"

Liebe: „Nur wenn ich etwas leiste, werde ich geliebt", „Beziehungen sind anstrengend", Ich bin nicht attraktiv genug"

Gesundheit: „Rückenschmerzen hat doch mittlerweile jeder", „Mein Bürojob ist daran schuld, dass ich nicht fit sein kann", „Ich werde nie wieder schmerzfrei sein können"

Freiheit: „Freiheit gibt es doch gar nicht mehr", „Das ist normal als Erwachsener"

Abenteuer: „Das Leben ist kein Spaß", „Das Leben ist schwer", „Die Welt ist kein sicherer Ort"

Freundschaften: „Ich bin nicht willkommen", „Andere Menschen sind eine Bedrohung", „Ich bin unbeliebt"

Spiritualität oder Religion: „Ich darf meinen eigenen Glauben nicht äußern", „Das, woran ich glaube, ist falsch"

Allein schon, wenn wir solche Sätze lesen, spüren wir, wie sie uns regelrecht herunterziehen. Solche limitierenden Glaubenssätze reduzieren unsere Energiefrequenz und hindern uns daran, unsere Wünsche erfolgreich zu manifestieren. Es will einfach nicht klappen. Also lass uns unsere Glaubenssätze und die innere Stimme aus dem Unterbewusstsein näher betrachten. Du wirst feststellen, dass Aussagen wie „Ich kann das nicht" oder „Ich verdiene das nicht" etc. nur eine Illusion sind und einen bestimmten Ursprung haben. Löse dich von solchen Gedanken. Lasse sie einfach los, denn nur so kannst du dein VERTRAUEN ins Universum stärken. Ohne dieses Vertrauen wird sich dein Wunsch nicht manifestieren.

Wie bereits im Theorieteil beschrieben, kommt jeder negative Glaubenssatz durch einen Gedanken, der sich durch wiederholtes Denken gefestigt hat. Oder er wurde von einem selbst oder von jemanden anders eingeredet. Genauso gut kannst du diesen aber auch wieder beseitigen oder ihn auf positive Weise umstrukturieren.

Aber es gibt noch weitere „Störfaktoren", die uns regelrecht beim Manifestieren blockieren: das liebe Wort „ABER". Hier ein paar Beispiele: „Ich wünsche mir einen flexiblen, gut bezahlten Job, ABER ich bin zu alt für einen Neuanfang", „Ich wünsche mir den idealen Partner an meiner Seite, ABER ich bin zu schüchtern, zu dick", „Ich möchte finanziell frei sein, ABER ich bin nicht talentiert genug dafür", „… ABER es ist zu schwer für mich" etc.

Du siehst also, dass du in jedem Fall all deine Wünsche und dazugehören Affirmationen nochmals durchgehen solltest. Prüfe, wo du vielleicht noch innere Blockade hast. Und sei bitte ehrlich mit dir! Um deine negativen Glaubenssätze zu beseitigen, konzentriere dich auf das FÜHLEN. Belüge dich keinesfalls selbst, da du sonst deiner eigenen Energiefrequenz schadest. Hegst du also das Gefühl, du könntest versagen, so betrachte diese Angst genauer. Was würde denn geschehen, wenn du dein Ziel trotz allem nicht erreichen würdest? Will dich dein Ego eventuell nur beschützen? Ist dieses Angstgefühl vielleicht nur eine Illusion? Wir haben ja bereits gelernt, dass jeder oft gedachte Gedanke sehr tief im Gehirn verankert ist und dieser durch bestimmte Erfahrung im Leben entstand aber nicht der Realität entspricht! Wichtig ist, dass du die Bewusstheit über dieses Gefühl erlangst. Bist du dir dessen bewusst, kannst du deine Gedanken und somit auch deine Gefühle ins Positive umkehren.

Mit den nun folgenden Übungen bzw. Fragestellungen gebe ich dir ein Tool an die Hand mit dem du limitierende Glaubenssätze auflösen kannst.

Übung 1 – Der Vergleich

Nehmen wir an, du gehst mit folgendem LIMITIERENDEN GLAUBENSSATZ in Resonanz: „Ich wünsche mir einen flexiblen, gut bezahlten Job, ABER ich bin zu alt für einen Neuanfang."

Nun stelle dir die Gegenfrage: „Gibt es jemanden auf dieser Welt, der in meinem Alter einen neuen, flexiblen und gut bezahlten Job gefunden hat?"

Die Antwort lautet: JA!

Frage dich weiter: „Falls ja, wie viele Menschen haben es diese Woche, diesen Monat oder letztes Jahr geschafft?"

Hier nun das Statement, um diesen Glaubenssatz vollständig loszulassen: „Es gibt sehr viele Menschen ‚in den besten Jahren', die erfolgreich und glücklich den Job gewechselt haben, welcher gut bezahlt und flexibel ist. Weltweit sind es sicherlich Millionen!"

Hegst du den Wunsch, Millionär zu werden? Erst vergangene Woche ist jemand Millionär geworden. Immer mehr Menschen finden Wege, ein passives Einkommen zu generieren und finanzielle Unabhängigkeit zu erlangen – Unabhängig von Alter, Schulabschluss, Jahre der Erfahrung usw.

Oder trägst auch du einen limitierenden Glaubenssatz in dir, wie „ich bin zu schüchtern ..." oder „zu dick, um einen Traumpartner zu finden"? Es gibt Hunderte von Menschen, die ihren Traumpartner erst gestern getroffen haben! In diesem Moment sind vielleicht gerade Tausende von Menschen auf einem Date. In vielen Fällen verläuft dieses gut und sie werden eine erfüllte Beziehung führen! Millionen von Personen haben eine glückliche Partnerschaft, in der der Partner zuverlässig ist, gerne reist und vor allem liebenswert und treu ist.

Dies kannst du auch auf die Beispiele der Affirmationen übertragen, mit der Frage nach dem Traumjob oder der Traumwohnung etc.

Diese 1. Übung habe ich dem Buch „Law of Attraction"* entnommen. Sie konnte in kurzer Zeit effektiv Zweifel nehmen und löste bei mir und mancher Kunden einen Aha-Effekt aus.

Sie konnte meinen Kunden aufzeigen, dass es keinen Grund für Zweifel gibt und es täglich auf der Welt Personen gibt, die ihre Wünsche und Träume erfüllen, unabhängig von verschiedensten Faktoren!

Hier darfst du dir gern deine eigenen Fragen zu deinen Themen notieren:

Übung 2 – Der Dialog und die Meditation

Schau dir deine derzeitige Situation (IST-Zustand) genau an und sei 100% ehrlich zu dir selbst: Verdienst du zu wenig? Findest du keine Erfüllung in deinem Job? Lebst du in einer ungeeigneten Wohnung? Bist du unzufrieden mit deiner Figur oder deiner Partnerschaft? Und nun frage dich ehrlich:

Was glaube ich über mich selbst, dass das Problem: xy (Glaubenssatz und dazu passender IST-Zustand) ins Leben gerufen hat?

Ich denke, dass ich _____

_____

_____

Gibt es einen bestimmten Menschen oder eine Situation, die diesen Glaubenssatz in dir erst hervorgerufen oder noch verstärkt hat? Was musst du tun, um damit endlich Frieden schließen zu können?

_____

_____

_____

Was hätte ich bereits erreichen können, wenn ich mir diesen Satz nicht ständig sagen würde?

_____

_____

_____

Welcher Alternativsatz fühlt sich für dich gut an und ersetzt deinen Glaubenssatz?

Schreibe EHRLICH deine Gedanken dazu auf:

_____

_____

_____

_____

_____

Da unsere Glaubenssätze oftmals tief verankert sind und dies unsere Grundüberzeugung darstellen, reicht es in der Regel nicht aus, den jeweiligen Satz einfach umzuschreiben. Es muss genau darauf geachtet werden, was ein gutes Gefühl in uns erzeugt. Zudem sollte unsere volle Aufmerksamkeit beim Umprogrammieren in unserem Unterbewusstsein liegen. Um einen negativen Glaubenssatz zu lösen, muss die Absicht so stark sein, dass die Energie der Absicht stärker ist als der programmierte Glaubenssatz selbst. Dies geschieht somit nicht von heute auf morgen, sondern bedarf der Übung, damit sich der neue, positive Glaubenssatz in unser Gehirn verdrahten kann und die gute Energie sich verfestigt. Dafür gibt es hier eine extra angefertigte Audiomeditation:

www.glaubenssaetze.hderleben.de
Oder

Übung 3 – Das Morgenritual und die Intention für den Tag

Die nächste Übung dient dir für die positive Ausrichtung auf den Tag, indem du dich den ersten Minuten des Tages dir selbst widmest und deine Gedanken bewusst ausrichtet. Bei dieser Übung arbeiten wir mit einer Intention. Diese wirst du auch im 21-Tage Glückskompass täglich am Morgen durchführen. Die detaillierteste Fassung findest du in diesem Kapitel.

Besonders der Morgen hat nämlich die Kraft, die gesetzte Intention und dazugehörige Energie durch den gesamten Tag zu ziehen. Kombinierst du deine Intention mit einer hohen Energiefrequenz, manifestierst du morgens schon dein gewünschtes Ergebnis. Nicht ohne Grund heißt es: „Morgenstund hat Gold im Mund". Hierfür schaue dir deine inneren Blockaden an und setze dir eine Intention für den Tag, was du generell im Alltag verbessern möchtest. Trägst du beispielsweise den Glaubenssatz „Ich bin nicht gut genug" in dir, könntest du daraus folgende Intention machen: „Ich gehe heute mit Leichtigkeit durch den Alltag und sehe die Bemühungen, die ich mache." Oder: „Heute werde ich mein Bestes geben. Dies könnte jeden Tag anders aussehen. Auch Fehler nehme ich an und sehe sie als Lehrer auf meinem Weg." Je häufiger du diese oder ähnliche Intentionen morgens wiederholst, desto besser werden sich die hartnäckig programmierten, negativen Glaubenssätze auflösen. Doch vergesse keinesfalls die dazugehörige Energie, das entsprechende Gefühl und formuliere die Intention so, wie sie für dich realistisch umgesetzt werden kann. Eine Intention eignet sich hierfür besser als ein Ziel, da eine Intention deinen Fokus und deine Einstellung allgemein langfristig ins positive lenken kann und somit deine Energie für die Manifestation mit erhöht. Eine morgendliche Intention kann eine wunderbare Unterstützung für das Erfüllen eines bestimmten Wunsches sein. Wie genau kann dies nun ablaufen?

1. Setze dich direkt nach dem Aufwachen - ohne erst noch einmal kurz das Handy zu checken - aufrecht in dein Bett. Das Sitzen verhindert, dass du wieder einschläfst. Nimm erst einmal zehn tiefe Atemzüge und lege deine Hände dabei auf dein Herz. Fühle, wie bei jedem Einatmen dein Brustkorb voluminöser wird und bei jedem Ausatmen die Luft wieder aus deiner Lunge strömt. So kommst du bewusst in den Moment hinein.

2. Als nächstes stellst du dir die Frage, wie du dich fühlst. Atme dabei ruhig weiter und beobachte deine Gedanken und deine Gefühle. Wie fühlt sich deine Emotion gerade an? Ist sie schwer oder leicht? Wo fühlst du sie mehr und wo weniger? Nimm noch einige Atemzüge.

3. Nun denkst du an die Intention, die du dir für heute gesetzt hast. Sag sie dir laut oder mental vor und fühle, wie diese deinen Alltag positiv beeinflussen kann. Vielleicht kannst du deine Intension sogar „wahr geworden" vor deinem geistigen Auge sehen. Gehe mental deinen heutigen Alltag einmal durch und begrüße gedanklich jede Herausforderung. Wähle eine Intention, die dir aktuell hilft, dich in eine höhere Energiefrequenz zu versetzen, deinen Wünschen näher zu kommen und mehr im Reinen mit dir selbst zu sein.

4. Falls du Stress oder Angst verspüren solltest, ist das völlig in Ordnung. Überlege dir, was das Schlimmste wäre, was passieren kann? Du wirst schon bald erkennen, dass du dir umsonst so viele negative Gedanken machst. Versuche gedanklich, den Tag mit der Kraft deiner Intention so zu richten, dass es deinem Ideal entspricht und fühle dich hinein. So schwingst du dich in die Realität ein, die du dir für den Alltag wünscht.

Ein Gedanke entfernt vom Glück | 65

Übung 4 – Du bist dein bester Freund

Als letzte Übung stellst du dir einmal vor, wie deine Glaubenssätze in deinem besten Freund verankert sind... Wie das? Nun, bist nicht du selbst dein bester Freund?! Wir gehen oftmals mit uns selbst viel zu hart und kritisch um und helfen Freunde und Familie mit guten Ratschlägen, die wir uns selbst auch geben sollten!

Schreibe in den folgenden Zeilen einen Dialog, wie du mit deinem besten Freund (dir) sprechen würdest, wenn er dir einen dieser Glaubenssätze nennen würde! Belüge dich hierbei bitte nicht und betrachte dich als deinen besten Freund. Bist du eventuell zu hart zu dir selbst? Welche Erfolge konntest du bereits in deinem Leben verzeichnen? Schreibe es als Dialog in folgenden Zeilen, so wie eine typische Konversation für dich ablaufen würde:

Kapitel 10:

Das Unmögliche ist Möglich – Richtig Manifestieren mit diesen simplen „Do's and Dont's"

In diesem Kapitel möchte ich dir noch weitere wertvolle Tipps zum erfolgreichen Manifestieren an die Hand geben, die sich mir persönlich ebenfalls als ausgesprochen nützlich erwiesen haben. Auch ich durfte über einen langen Übungszeitraum meine eigenen Erfahrungen machen und würde mich sehr freuen, wenn dich meine gefundenen „Schätze" ebenfalls unterstützen. Im Folgenden habe ich mein persönliches Wissen in „Do's" und „Dont's" unterteilt:

Do's:

1. Wozu das eigene Traumleben manifestieren, wenn wir keine Freude daran hätten?! Nimm „das Spiel des Lebens" nicht allzu ernst und erlaube dir, mit Leichtigkeit und Spaß daran zu gehen, die gewünschten Änderungen in dein neues Leben zu holen! Zum einen macht es dich selbst glücklicher, zum anderen erhöhst du damit auch gleichzeitig deine Frequenz. Und wir haben ja gelernt: umso höher die Schwingung, die wir ausstrahlen, um so einfacher ist der Vorgang der Manifestation!

2. Befasse dich ausführlich mit deiner inneren Einstellung und arbeite daran. Sei im Hier und Jetzt und mach dir selbst klar, was genau du willst. Wenn wir heute eine Umfrage starten würden, wären sicher 90 % der Antworten so gestrickt, dass klar wäre, was die Menschen nicht wollen oder was sie nicht haben. In diesem Fall befinden wir uns jedoch im Mangelzustand. Die Folge daraus: wir ziehen noch mehr Mangel an. Konzentriere dich also nicht darauf, dir die Arbeitskollegin, die du nicht leiden kannst, „weg zu wünschen", sondern darauf, wie deine berufliche Situation künftig auszusehen hat (IST-Zustand). Und dann fühle es! Dies ist ein viel effektiverer Weg, um Gleiches anzuziehen. Nutze das Gesetz der Polarität, denn dieses besagt, dass alles auf dieser Welt aus Gegensätzlichkeiten besteht. Es gibt immer zwei Pole, die einander bedingen: Mann - Frau. schwarz - weiß. Gut - Böse. Gesundheit - Krankheit Der eine Pol könnte ohne den anderen Pol nicht existieren (siehe dazu auch das Buch M. J. Losier*)

3. Sei nicht so streng und perfektionistisch mit dir und habe Geduld. Das Universum arbeitet in seinem eigenen Tempo. Falls das Manifestieren nicht direkt auf Anhieb funktioniert, kann sich bei dir noch ein kleiner Zweifel eingeschlichen haben. Den gilt es zu finden und nicht aufzugeben. Wichtig ist, dass du bei einem kleinen Misserfolg nicht frustriert oder verzweifelt wirst, sondern noch einmal deine Glaubenssätze und deine innere Einstellung beleuchtest und geduldig bleibst. Hier ist vor allem die Ausrichtung in die richtige Richtung wichtig. Der Zustand der Ausrichtung bestimmt, ob sich dein Wunsch auch wirklich erfüllt. Etwas zu wollen und daran zu glauben,

entspricht einer optimalen Ausrichtung, wohingegen etwas Unerwünschtes zu erwarten keiner richtigen Ausrichtung für das Manifestieren entspricht, sondern eher das Gegenteil bewirkt (siehe dazu das Buch von Esther und Jerry Hicks*: „The Law of Attraction: The Basic of the Teachings of Abraham").

4. Trainiere deinen Geist, um das Positive in jeder Situation zu erkennen. Wenn du dir allumfassende Gesundheit wünschst, musst du deine nicht-physische Gesundheit, also deine Emotionen und Gefühle, steuern und diese in Balance bringen können. Durch diese positive Ausrichtung deiner Gefühle erhöhst du deine Energiefrequenz noch weiter, um deinen Wünschen und Zielen zu entsprechen und diese zu manifestieren. Sei dir stets im Klaren darüber, dass es dein Geburtsrecht ist, dich geliebt und glücklich zu fühlen und dich nicht vom Ego treiben zu lassen. Trainiere daher deinen Geist, deine Gedanken immer wieder auf das Positive zu lenken. Wir wissen bereits, dass negativen Emotionen ein Schutzmechanismus deines Egos sind. Darum stelle dir einfach vor, dass deine Emotionen wie auf der Bewusstseinsskala von „sehr gut" bis „sehr schlecht" immer wieder hin- und herschieben. Mach dir immer wieder bewusst, du es selbst in der Hand hast, in welche Richtung der Zeiger gerade ausschlägt und prüfen, welche Glaubenssätze eventuell bereits der Vergangenheit angehören und dir nicht mehr dienlich sind.

5. Dankbarkeit ist der Schlüssel zum Glück, das habe ich im privaten Umfeld und bei mir immer wieder feststellen können! Solltest du dir also wünschen, „reich" zu sein, aber fühlst dich dabei „arm", so befindest du dich immer noch in einem Mangelbewusstsein. Schwinge dich in das Gefühl des Reichseins ein. Du weißt nicht, wie es sich anfühlt, reich zu sein? Nun, um dies genauer zu beleuchten, werde dir bewusst, was du bereits alles schon in deinem Leben hast und dass du heute Morgen gesund und munter aufgewacht hast. Meditationen und Achtsamkeit helfen dir dabei, dich gedanklich hineinfühlen, da dein Gehirn nicht unterscheiden kann zwischen Realität und Gedanken. Erfreue dich auch bei großen Wünschen immer den kleinen Dingen im Leben und merke, wie die positiven Dinge wachsen werden und du immer mehr erkennst. Erkenne immer wieder, was du alles hast und sei unendlich dankbar für diese Geschenke des Lebens!

6. Vielleicht fragst du dich, wie das Gewünschte dann überhaupt in dein Leben kommen kann? Ganz ehrlich: Mach dir darüber keine Gedanken. Das brauchst du nicht zu wissen! Vertraue einfach darauf, dass „es" eintreten wird. Zweifel verlängern nur den Prozess des Manifestierens deutlich. Das Universum kennt Mittel und Wege und wird dir, wenn du all die Tipps berücksichtigst, deine Wünsche gerne erfüllen. Das „Wie" liegt oftmals außerhalb unserer Vorstellungskraft. Und wenn wir versuchen, mit Logik an die Sache heranzugehen, dann könnten höchstwahrscheinlich eher Zweifel auftreten, die dir womöglich deine Wunscherfüllung sabotieren. Lass die Magie einfach zu und erfreue dich an ihr!

7. Bleib achtsam! Beobachte deine Gedanken, aber identifiziere dich nicht mit ihnen. Du bist der Schöpfer deines Lebens und kannst deine Gedanken und Gefühle jederzeit steuern. Durch Achtsamkeit und Meditation kann dir bewusstwerden, woran du noch zu arbeiten hast.

8. Mache das Manifestieren und Achtsamkeitstraining zu einem festen Bestandteil in deinem Leben und integriere es in deine tägliche Routine. Hilfreich kann ein fester Zeitpunkt sein

wie beispielsweise direkt nach dem Zähneputzen, vor jeder Mahlzeit oder direkt vor dem Zubettgehen.

9. Höre auf dein Herz und deine Intuition! Wenn wir gemäß unseren zu manifestierenden Wünschen auch entsprechend handeln, werden wir schnell erkennen, dass dies – so es denn in einer entsprechend hohen Schwingung erfolgt – ein wichtiger Bestandteil dafür ist, um deine Ziele zu erreichen. Die Logik ist dabei ein guter Berater, daher folge in jedem Fall deiner Intuition, deinem Bauchgefühl – gemäß dem Sprichwort „Dein Bauch ist ein verdammt kluger Kopf" oder „Man sieht nur mit dem Herzen gut".

10. Komm ins Handeln! Gemütlich auf dem Sofa sitzen, dich vom TV „berieseln" lassen und leckere Chips in sich hinein schaufeln hat noch niemanden dazu gebracht, seine Wünsche zu erfüllen; es sei denn, du möchtest einfach nur gern abschalten und deine Rundungen vervollständigen. Wenn du jedoch ernsthaft dein Traumleben manifestieren willst, wirst du dich automatisch durch die Energie, die du beim Manifestieren freigibst, deine Wunschfrequenz einschwingen und eine Lebenskraft entfalten und erfahren, die dir vielleicht in diesem Maße noch nie so bewusst gewesen ist. Diese Lebenskraft wird dir automatisch einen Tritt in den Hintern verpassen und dich ins Handeln führen.

11. Schlechte Nachrichten sind manchmal gute Nachrichten: Dir wurde die Arbeitsstelle oder die Wohnung gekündigt? Kein Grund zum Trübsal blasen. In jedem Ende liegt auch ein Neubeginn, eine Chance, etwas gänzlich Neues in Dein Leben zu bringen. Selbst wenn dein Lebenspartner dich verlassen sollte und es dich sehr schmerzt. Gebe den Menschen in Liebe frei und erkenne, dass auch hier möglicherweise einfach „Platz" geschaffen wurde für etwas traumhaft schönes, dass dich schon bald erwartet. Der Schmerz, den wir oftmals bei einer Trennung empfinden, entspringt durchaus auch unserem Ego (oder dem Tritt in den Hintern, den uns das Universum so liebevoll gegeben hat). Ändere deine Sichtweise und deine Einstellung, dann wirst du erfahren dürfen, dass in der Regel etwas viel Besseres auf dich wartet.

Dont's:

1. Wie schon M. J. Losier in seinem o.g. Werk verdeutlichte, ist es uns nicht möglich, etwas, was wir uns von Herzen wünschen, mit einer Verneinung zu manifestieren. Wenn du immer wieder sagst, dass du nicht in einer Partnerschaft leben möchtest, die dich einengt, so wirst du an eine Partnerschaft denken, die dich einengt. Was geschieht? Dein Energiepegel senkt sich spürbar und somit deine Frequenz. Formuliere deine Manifestationssätze also NICHT mit einem „nicht"!

2. Versuche nicht auf Krampf, immer gut drauf und positiv denkend zu sein. Selbst die in deinen Augen erfolgreichsten Menschen, die sich vielleicht schon alles Wünschenswerte manifestiert haben, haben auch mal schlechte Tage, sind wütend oder traurig, kriegen eine Erkältung oder haben Rückenschmerzen. Wenn du dich also an manchen Tagen nicht so gut fühlst, solltest du dennoch immer bewusst das Gefühl zu dir holen, als hättest du schon alles, was du brauchst. Akzeptiere den Schmerz, ohne ihn wegzudrücken, trauere und versuche dich dann wieder in die richtige Richtung zu leiten. Lass dich nicht von deinen Gefühlen und Gedanken überrollen,

die die Schwingung des Mangels in sich tragen. Und vor allem: pauschalisiere eine schlechte Phase oder einen schlechten Tag nicht mit einem komplett schlechten Leben.

3. Solltest du dich doch einmal dabei erwischen, wieder „im Mangel" oder „im Zweifel" zu sein, sei nicht so streng mit dir. Ändere einfach deine Einstellung und sieh das Geschehene als Erfahrung und dann als Erinnerung, wieder zu deinen Wünschen zurückzukehren. Nimm die Zweifel als einen Freund an und nicht als Feind. Frage dich selbst in dieser Situation, ob es wirklich du bist, dessen innere Stimme du gerade hörst, oder dein Verstand und dein Ego.

4. Hör bitte auf, deine Handlungen aufzuschieben oder nach Zeichen zu suchen. Wenn du deine Energie damit verschwendest, bist du ganz offensichtlich noch im Zweifel. Zeichen werden von selbst kommen, sobald du dich in die richtige Energiefrequenz eingeschwungen hast und dem Universum dein Vertrauen schenkst.

5. Verfalle nicht in Verallgemeinerungen deiner Wünsche und Träume. Je detaillierter und konkreter du dir deine Ziele vorstellen, definieren und fühlen kannst, desto besser kann das Universum sie für dich materialisieren.

6. Erkenne deine Prioritäten und manifestiere nicht mehrere Wünsche auf einmal. Keine Sorge, du wirst immer genug Zeit zur Verfügung haben, um dir das in dein Leben zu holen, was für dich vorgesehen ist und deinem wundervollen Seelenplan entspricht.

Kapitel 11:

Der Sprachcrashkurs – Die perfekte Formulierung für erfolgreiche Bestellungen an das Universum

Um die perfekten Formulierungen für deine Manifestationssätze zu finden, möchte ich dich bitten, an dieser Stelle nochmals deine „Wunschliste" aus den voran gegangenen Kapiteln näher zu betrachten. Die dort gebildeten Sätze werden wir nun zu aussagekräftigen Hauptsätzen gestalten, die jeweils durch einen einleitenden Satz und einen Abschlusssatz ergänzt werden. Dadurch kann eine noch bessere Manifestation entstehen. Du kreierst damit noch mehr gute Energien, indem du über deinen Traum redest und somit deine Wünsche in deiner Energieblase mit Fülle integrieren kannst. Hier habe ich als Inspiration wieder die Literatur von J. Losier* verwendet, welches sich nach Probieren diverserer Techniken am effektivsten erwiesen hat:

Einleitender Satz (den du oben schon gebildet hast): Ich bin gerade dabei... / Ich bin im Prozess alles zu manifestieren, was ich wissen, tun und haben muss, um meine ideale Beziehung / meinen Traumjob etc. ...in mein Leben zu ziehen.

Hauptsatz (für die Klarheit deines Wunsches): Ich habe beschlossen, dass mein Traumpartner zuverlässig, reiselustig, liebevoll, etc. ist. (Je mehr Attribute du findest, desto besser. Je klarer dein Bild vor Augen ist, desto detaillierter ist dein Wunsch!)

Probiere hier einmal aus, wie deine selbst formulieren Zielstellungen sich anfühlen, wenn du sie mit einem einleitenden Satz, wie oben beschrieben, erweiterst und schreibe sie hier nieder:

_____

_____

_____

_____

Um den ganzen Prozess rund zu machen, erweitere Deine „Bestellung ans Universum" noch um einen Schlusssatz, indem du dein Vertrauen zum Ausdruck bringst:

Schlusssatz: Das Gesetz der Anziehung entfaltet sich und setzt alles in die Gänge, was geschehen muss, um mir meinen Wunsch zu erfüllen.

Nun wiederhole nochmal deine Sätze mit dem einleitenden und dem Schlusssatz und spüre jeweils nach, wie es sich jetzt anfühlt. Wenn sich kein gutes Gefühl bei dir einstellt, solltest du noch eventuell blockierende Glaubenssätze identifizieren und den jeweiligen Satz noch einmal passend umformulieren. Du kannst die Sätze auch etwas variieren und musst sie nicht wortwörtlich übernehmen. Aber durch die Beispiele weißt du, in welche Richtung es gehen soll.

Feile einfach so lange an deinen Manifestationssätzen herum, bis es sich für dich absolut stimmig anfühlt. Später, im Kapitel 14, werden wir diese Sätze dann für deinen Glückskompass nutzen.

Kapitel 12:

Wunder2Go - Die effektivsten und schnellsten Manifestationstechniken für den Alltag

Neben den klassischen Manifestationssätzen gibt es auch weitere Techniken, die du für deine Zielerreichung verwenden kannst und die ich auch als effektiv befunden habe. Manche davon wirst du ebenfalls im Glückskompass wiederfinden:

Technik 1: Ein Sigil kreieren und damit manifestieren

Wie bereits im Kapitel 2 kurz erwähnt, ist ein Sigil eine visuelle Darstellung, eine Art graphisches Symbol, das aus ligierten Buchstaben besteht und deinen Herzenswunsch symbolisieren kann. DLaut dem bereits erwähnten Dean Radin* hat der britische Artist Austin Osman Spare das moderne Sigil erfunden. Der Vorteil an einem solch kraftvollen Symbol ist, dass du dich deutlich mehr fokussieren und konzentrieren musst, zudem wirst du kreativer und schaltest deinen analytischen Verstand damit automatisch aus.

Ist das passende Sigil erst einmal liebevoll entworfen, wird es im 1. Schritt traditionell „aufgeladen" und erst im 2. Schritt zum Manifestieren freigegeben.

Schritt 1 - Aufladen: Mit Aufladen ist gemeint, dass du die Emotionen, die sich auf das Ziel beziehen, fühlst. Fokussiere dich nach der Kreation deines individuellen Symbols durch eine tiefe Meditation. Mithilfe einer starken Konzentration auf deine Manifestation und das Erhöhen deiner eigenen Schwingungen: FÜHLE, dass dir das Gewünschte bereits widerfahren ist!

Schritt 2 - Freigeben: Freigeben bedeutet hier, dass dein gewünschtes Ziel dann vom Bewussten ins Unbewusste verschoben wird, nachdem du es mit deiner Energie aufgeladen hast. Du gibst also tatsächlich deine Aufmerksamkeit frei und legst das Sigil beiseite. Du kannst es optional auch irgendwo anhängen, wo du es sehen kannst. In der Zeit wird die Intention sich unterbewusst in dir verankern. Die Energien dahinter sind sehr wichtig, daher solltest du dein Ziel für dich behalten, wie bei den Affirmationen auch. Konzentriere dich einfach vollkommen auf dein bewusstes Kreieren.

Im Prinzip kann so ein Sigil recht simpel gestaltet werden. Nehmen wir einmal an, dein Herzenswunsch ist es, deinen Traumpartner zu finden, so würden die ligierten Buchstaben beispielsweise so aussehen: TPF. Die Buchstaben kannst du in einem Sigil auch so gestalten, dass sie beispielsweise übereinanderliegen. Wichtig ist für dich, dass du die Abkürzung erkennst und in diesem Beispiel das T, P und F zwar verschlüsselst, jedoch noch herauslesen kannst, auch wenn sie beispielsweise übereinanderliegen!

Aus diesen 3 Buchstaben kannst du dann ein für dich passendes Symbol kreieren, dass dich anspricht und deinem Gefühl entspricht. Ganz wichtig ist es jedoch, dieses Symbol mit den dazugehörigen

Emotionen und somit Energien aufzuladen. Auch dies gefiel meinen Kunden als Abwechslung zum klassischen Manifestieren sehr gut.

Technik 2: 4-E-Scan

Diese Technik habe ich über die Jahre so konzipiert, dass sie deinen IST-Zustand nochmal aus allen wichtigsten Ebenen beleuchtet, um noch etwas ins Detail zu gehen. Auf diesen hapert es bei mir und den Kunden am meisten und so können wir es besser identifizieren. Wie du merkst, ist das ein wichtiger Bestandteil der Manifestationsvorbereitung ☺ Also nehme dir genug Zeit dafür. Sie bezieht sich auf die folgenden 4 Ebenen: Emotion, Verhalten, Gedanken und Umfeld. Hier geht es wiederum um die IST-Zustand deiner Wünsche, die möglicherweise noch im Mangel sind (schlechter Job, falsche Wohnung, unerfüllte Partnerschaft usw.).

Hierfür notiere deine jetzigen Emotionen zu dem jeweiligen Thema, danach das Verhalten, dass du an den Tag legst; die Gedanken, die du derzeit zu diesem Thema pflegst und in welchem Umfeld oder mit welchem Menschen oder welcher Situation dies zusammenhängt.

Hier ein Beispiel:

	IST-Zustand	**SOLL-Zustand**
	„Unerfüllter Job, WEIL: unflexible Arbeitszeiten, schlechte Bezahlung in Höhe von	Traumjob, WEIL: Flexible Arbeitszeiten, Mindestgehalt von
	.........................€ (wie bereits beschrieben im Beispiel oben)	*…........................ €*
Emotion (Wie fühle ich mich dabei?)	*Angst, Enttäuschung, Stress, Trauer, Wut*	*Erfülltheit, Sicherheit, Zufriedenheit*
Verhalten (Wie verhalte ich mich in Bezug auf diesen Wunsch?)	*Ich komme nicht aus meiner derzeitigen Routine heraus und habe einen Beruf akzeptiert, der mich nicht erfüllt und mich stresst. Ich gehe neuen Chancen aus dem Weg und bemühe mich nicht, dieses Problem zu lösen.*	*Ich kenne meinen beruflichen Wert und ich gebe mir bei der Bewerbung Mühe, bin authentisch und suche einen Job, der mich erfüllt, der zu meinem Lebensstil passt und meine Bedürfnisse finanziell decken kann. Ich bin motiviert und voller Tatendrang, meinen Traumjob bald zu finden*
Gedanken (Was denke ich zu diesem Thema, was sind meine Glaubenssätze?)	*Kein neuer Arbeitnehmer wird mich akzeptieren, ich habe keine finanzielle Erfüllung verdient, mein Leben besteht aus Stress und Verzweiflung.*	*Ich habe einen Beruf, der mich vollkommen erfüllt und mir Freude macht, welcher zeitlich flexibel ist und mir Sicherheit gibt. Ich decke meine Bedürfnisse mit Leichtigkeit und fühle mich wertgeschätzt.*
Umfeld oder damit zusammenhängende Menschen oder Situationen	*Derzeitige Arbeitsstelle bei der Firma „XY"*	*Der Traumjob in der Firma XY (falls du es noch nicht genau weißt, kannst du auch z. B. dein Traumbüro beschreiben oder Homeoffice etc.)*
(Wo verbringst du die Zeit?)		

Diese Technik hilft dir zu erkennen, wo genau es gerade noch „hapert" und woran du noch einmal arbeiten solltest (innere Einstellung, blockierende Menschen, bestimmte Gefühle). Dies hilft dir, deinen Fokus immer wieder neu auszurichten. (Bei der Entwicklung dieser Technik wurde ich inspiriert von den Übungen von Dr. Joe Dispenza*: „Manifestiere deine Zukunft")

Technik 3: Glücksbaum

Homeoffice

z.B. Job

Den Glücksbaum habe ich extra für dich entworfen und lade dich nun ein, selbst ebenfalls kreativ zu werden und die für dich wichtigen Details zu deinem Thema zu ergänzen. Wenn wir also bei dem obigen Überthema „Job" bleiben, kannst du bei den Glücksbaum Begriffe dazu notieren wie „Homeoffice", „gute Bezahlung" etc., eben alles, was dir wichtig erscheint und das Herz zum Hüpfen bringt – wie eine Art Brainstorming. Der Glücksbaum hilft dir bei der Fokussierung und der Klarheit deiner Ziele.

Technik 4: Schreibe ein Drehbuch

Schreibe dein jetziges Thema als eine Art Film mit Happy End nieder, indem du zuerst den IST-Zustand formulierst und dann in den SOLL-Zustand übergehst. Achte in deinem Drehbuch darauf, durch Details, Beschreibungen von Emotionen, Gedanken, Verhalten etc. wieder ein bestimmtes Gefühl einzubringen. Du selbst bist die Hauptfigur in dieser kleinen Geschichte, die sich selbst ein Happy End schreibt! Wenn du den Weg zu deinem Wunsch noch nicht weißt, kannst du das auch genauso in deinem Drehbuch schreiben. Achte wieder auf deine Gefühle vom SOLL. 😊 Viel Spaß.

Ein Gedanke entfernt vom Glück | 75

76 | Manifestieren & Wunder erschaffen

Technik 5: Visualisierung

Im Alltag kannst du deine Ziele auch immer wieder visualisieren, ohne dass du dich wie bei einer Meditation für 15 - 20 Minuten isolieren musst. Auch in deinem Glückskompass wird das Visualisieren eine hohe Relevanz haben, denn diese ist mitunter die wichtigste Technik für das Manifestieren. Dies geht auch immer mal zwischendurch, wenn du eventuell gerade im Büro sitzt, mit dem Bus fährst oder z. B. nach dem Essen am Tisch, während du die Augen schließt und sich deine Ziele und Visionen bildlich vor Augen abspielen. Das kann ein großes Ziel sein oder aber auch täglich ein kleines. Du kannst das auch üben, indem du auf der Arbeit in der Pause oder privat deinen Wunsch zeichnest oder das Drehbuch detailreich niederschreibst. Vielleicht wachst du aber auch morgens auf und hast plötzlich (oder einen vorangegangenen Traum) eine Intuition. Dann setzt dich sofort hin und male alles auf, bevor das „Bild" in deinem Kopf verschwindet. Rufe dir tagsüber auch immer wieder schöne Erinnerungen hervor, die du erlebt hast und die ein gutes Gefühl bei dir auslösen. Langfristig solltest du dich aber während dem Visualisieren auf das konzentrieren, was du noch erreichen möchtest. Und das Wichtigste: vergiss das Fühlen dabei nicht, um deine Energie zu erhöhen! Anbei die wichtigsten Punkte, die du dabei beachten solltest:

1. Nutze die Macht der Gedanken, da das Gehirn nicht zwischen Realität und Gedanken unterscheiden kann. Versuche, alle Sinne einzubeziehen!

2. Der Schlüssel der Visualisierung: Ändere die Perspektive und lass deine Wunschsituation sich vor deinen Augen abspielen lässt. Was genau nimmst du wahr? Was fühlst du in diesem Augenblick? Nimmst du irgendwelche Gerüche wahr? Wer ist vielleicht in dem Moment gerade bei dir? Welche Worte werden gerade gesprochen? Je detaillierter, desto besser!

3. Fällt dir beim Visualisieren ein neues Detail auf, welches dich glücklich macht? Dann notiere es zu deinen Zielen dazu (z.B. in der Visionssonne oder im Drehbuch) und danke für den zusätzlichen, hilfreichen Hinweis!

4. Pro Sekunde gehst du etwa sieben bis acht Mal ins Quantenfeld, verschwindest, kommst zurück und verschwindest wieder mit neuen Informationen. Gehst du jedoch immer mit derselben Person wieder aus dem Feld heraus, wirst du keine neuen Informationen mit zurückbringen. Du hast jedoch die Möglichkeit, mit einer Vision deiner Wunschzukunft deine Energie neu zu platzieren und deine Billionen von Billionen Atome zu organisieren. Das passiert wunderbar über das Visualisieren, da wie schon öfter erwähnt das Gehirn nicht zwischen Realität und Vorstellung unterscheiden kann und du alleine die Macht hast, die Frequenz zu steuern. Dies geschieht in einem bestimmten Muster, dass dann für dich zum Ereignis wird. Dafür muss die treibende Kraft eine erhöhte Emotion sein. Mit einer klaren Emotion und einer gut formulierten Absicht erhöht sich dein Energiefeld. Deine Emotion ist dabei sehr wichtig! Du musst dich voll und ganz fühlen! An sich sollen wir „Quantengeister" sein und keine Materialisten, denn so können wir die Natur der Realität vollendet beeinflussen und gemäß unseren Herzenswünschen formen (Joe Dispenza, Becoming Supernatural*).

5. Visualisiere nicht in Räumen, wo du dich unwohl, unglücklich oder gestresst fühlst. Die Energie könnte abfärben.

6. Du kannst als Verstärkung auch passende Musik wählen, die dich akustisch an dein Ziel und Wunsch erinnert oder mit welcher du dich besser hineinversetzen kannst.

Technik 6: Ein Quantensprung entfernt vom Glück

Für diese Technik lass uns folgende Übung machen:

Schritt 1: Nehme 2 leere Post-Ists und lege sie vor dich hin. Auf das eine schreibst du „*aktuelle Situation*" deines Wunsches auf (Ist-Zustand) und auf das andere „*gewünschte Situation*" deines Wunsches (Soll-Zustands). Beschreibe wie gewohnt alles so detailliert wie möglich. Wenn du fertig bist, klebst du beide Post-Ist auf zwei gleichgroße Gläser. Ein Glas soll die gegenwärtige Situation darstellen, das andere Glas die gewünschte Situation.

Schritt 2: Gieße Wasser in das Glas, das die aktuelle Situation darstellt und platziere deine Hände um das Glas. Visualisiere genau deinen aktuellen Ist-Zustand. Wichtig: Involviere deine Emotionen!

Schritt 3: Nun nimmst du das Glas mit der aktuellen Situation und gießt das Wasser in das Glas der von dir gewünschten Situation (Soll-Zustand). Nun greifst du wieder mit deinen Händen um das Glas und stellst dir jetzt so detailliert wie möglich deinen Wunsch vor, du visualisierst ihn mit allen wundervollen Facetten deiner Sinne und Emotionen, um die Schwingung zu maximieren. Fühle es so, als wäre es bereits da!

Schritt 4: Wenn du das unbeschreibliche Gefühl mit jeder Faser deines Seins in dir aufgenommen hast, trinke das Wasser vollständig aus. Dies steht symbolisch für den Dimensionssprung in deine gewünschte Realität.

Schritt 5: Wirf den Zettel mit der aktuellen Situation fort und halte nun ausschließlich an deiner gewünschten Situation fest. Du kannst auch das Wasser nehmen, was du täglich in einer bestimmten Flasche trinkst, welche du beispielsweise mit zur Arbeit nimmst.

Kapitel 13:

Ein Gedanke entfernt vom Glück - Energiefrequenz sofort und überall maximieren

„Energy flows where attention goes"

(Zitat: Michael Beckwith)

Energie folgt der Aufmerksamkeit!

In diesem Kapitel möchte ich mit einigen allgemeinen Tipps beginnen, die deinen Alltag noch zusätzlich unterstützen können, deine Frequenz weiter zu erhöhen:

1. Ernährung – Gewiss kennst du bereits den Spruch „*Du bist, was du isst.*"

Lass mich dir im Folgenden eine kleine Auflistung geben, wie du am besten „totes Essen" vermeiden kannst und LEBENsmittel mit einer hohen Schwingung erkennst. Denn je natürlicher deine Nahrungsmittel, desto höher steigt dein Energiepegel und somit deine Frequenz:

- Grünes Blattgemüse wie Spinat, Salate und Kohl
- Frische Beeren
- Sprossen
- hochwertige Kräuter aus der Natur
- Bohnen und Hülsenfrüchte
- Nüsse und Samen
- Algen
- Fermentiertes Gemüse
- Natürliche Tees

Versuche zudem, auf Fleisch zu verzichten und deinen veganen Anteil an Nahrungsmitteln zu erhöhen. Und besonders wichtig: trinke ausreichend gesundes Wasser!

2. Musik hören - Genieße Musik, die deine Frequenzen erhöht. Das kann dein Lieblingssong sein, den du den lieben langen Tag rauf und runter hörst oder suche dir auf Musikkanälen Lieder mit bestimmten Frequenzen wie z. B. die „Solfeggio Frequenzen*". Dies sind Frequenzen mit bestimmten Schwingungen von Klängen, die nicht nur eine heilende und gesundheitsfördernde Wirkung auf unseren Körper, Geist und unsere Seele haben, sondern auch unsere DNA positiv beeinflussen und reparieren können. Die angegebene Frequenz in der Musik ist eine physikalische Größe und gibt an, wie viele sich wiederholende Vorgänge (wie Schwingungen) pro Sekunde stattfinden. Das Einheitssymbol für diese Frequenz ist 1 Hz (Hertz). Dies bedeutet: bei einer Musik in 432 Hz finden 432 Schwingungen pro Sekunde statt.

Die o.g. Solfeggio Frequenzen bilden eine 6-Ton-Skala. Sie bestehen aus sechs Tönen. Sie beziehen sich auf bestimmte Klangfarben, die verschiedene Aspekte der Gesundheit unterstützen und fördern. Diese sechs Solfeggio Kernfrequenzen sind folgende:

- 396 Hz – Befreiung von Schuld und Angst

- 417 Hz – Situationen rückgängig machen und den Wandel erleichtern

- 528 Hz – Transformation und Wunder (DNA-Reparatur)

- 639 Hz – Verbindung/Beziehungen

- 741 Hz – Ausdruck/Lösungen

- 852 Hz – Rückkehr zur spirituellen Ordnung

3. Bewegung – Im Prinzip kannst du mit jeder Art von Bewegung blockierte Energie wieder zum Fließen bringen. Bewegung versorgt dein Gehirn mit Sauerstoff, setzt Endorphine frei und kurbelt die Dopamin-Produktion an. Es sollte dir jedoch Spaß machen und am besten ist es, wenn du dabei an der frischen Luft bist und in der Natur. Selbst wenn du derzeit noch einen Job hast, bei dem du viel am Schreibtisch sitzen musst, ist es wichtig, dass du täglich immer Bewegung mit einbaust, auch wenn es nur kleine Übungen sind. Auf YouTube und andere Kanäle findest du dazu bestimmt reichlich Inspirationen, die auch noch gute Laune machen! Auch meditativer Sport wie z. B. Yoga oder Qi-Gong sind hierfür sehr gut geeignet.

4. Dankbarkeit und Verständnis – Natürlich passiert es auch mir ab und an, dass ich schlecht drauf bin oder mich über irgendwelche Kleinigkeiten im Alltag ärgere. Das Wichtigste ist hier, dass wir dies schnellstmöglich bewusst erkennen und versuchen, einen Gegengedanken voller Dankbarkeit in unser Leben zu rufen.

Genauso kannst du dich auch gegenüber deinen Mitmenschen verhalten. Regst du dich über einen Kassierer auf, der zu langsam arbeitet oder versehentlich einen Artikel doppelt rüber gezogen hat? Versetze dich einmal in seine Situation und werde dir bewusst, dass er dies höchstwahrscheinlich nicht mit der Absicht tat, dich ärgern zu wollen. Eventuell hatte er selbst anstrengende Stunden hinter sich oder daheim heftige Sorgen, die er nicht abzuschütteln vermag. Vielleicht und würde durch ein kurzes Lächeln wieder in seine Mitte finden...

5. Selbstliebe und Wohlfühlen – Du willst dein Traumleben leben und lieben? Dann liebe dich erst einmal selbst! Sei gut zu dir und gönne dir mal was Schönes! Sei es ein gemütliches Frühstück mit deiner ganzen Familie, eine Wellnessmassage mit deiner besten Freundin, am Wochenende mal so richtig abtanzen. Was auch immer es ist, schenke dir die Aufmerksamkeit, die du dir selbst von anderen erhoffst. Wenn du dich wohlfühlst in deiner Haut, steigt deine Schwingung automatisch und das strahlst du dann auch aus. Nimm dir außerdem Zeit, dich zu pflegen, dein Lieblingsoutfit anzuziehen und dich so zu pflegen, dass du zufrieden bist mit dir und deinem Erscheinungsbild.

6. Hilf jemanden - Wann hast du das letzte Mal einem Straßenmusikanten ein paar Münzen in den Gitarrenkoffer geworfen? Oder lade doch einfach mal spontan einen alten Freund oder sogar einen Obdachlosen zum Essen ein! Wenn du etwas aus dem Herzen herausgibst, kannst du selbst nicht „im Mangel" sein. Verschenke dein schönstes Lächeln jeden Tag aufs Neue und du wirst sehen, es wird deshalb nicht weniger, sondern erfreut sich womöglich sogar einem erwiderten Lächeln. Zeige ehrliches Mitgefühl und deine Frequenz erhöht sich ins Unermessliche.

7. Stressmanagement - Sobald du durch eine Situation oder einen Menschen in Stress gerätst, lässt deine Achtsamkeit nach und du wechselst unbewusst in den Autopilot-Modus, ohne dabei genau auf deine Bedürfnisse zu achten. Um dies zu umgehen und Stressoren in deinem Alltag zu erkennen und zu eliminieren, empfehle ich dir, ein „Stresstagebuch" zu führen und generell dein Zeitmanagement zu verbessern. So förderst und schulst du zusätzlich dein Bewusstsein.

8. Achtsamkeitstraining und Meditation - Durch das bewusste „im Hier und Jetzt Sein" kannst du deine Vorstellungskraft verbessern und Stress reduzieren. Zudem wird dir möglicherweise klar, was emotional, gedanklich und physisch mit dir passiert. Indem du deiner Seele ehrlich zuhörst, kannst du enorme Energien freisetzen. In seinem Buch „The Healing Self" betont Deepak Chopra* außerdem, dass es nicht die EINE Art der Meditation gibt. Da ich selbst auch diese Erfahrung machen durfte, biete ich dir in diesem Buch auch verschiedene Techniken an. Prüfe am besten selbst, welche Meditation für dich taugt und sich langfristig in deinen Alltag integrieren lässt. Auch hier steht das Wohlfühlen an erster Stelle!

9. Liebe - Denke an all die Menschen, die du ganz besonders liebst und genieße jeden Moment mit ihnen. Stelle dir vor, dass sie in diesem Augenblick direkt vor dir stehen und nehme sie ganz bewusst wahr. Visualisiere, wie du jeden einzelnen von ihnen herzlich in deine Arme nimmst und lass dieses unbeschreibliche Gefühl auf dich wirken. Wie wir bereits lernen durften, ist Liebe eines der höchsten schwingenden Frequenz auf der Bewusstseinsskala und wir dürfen wirklich keinen Tag als selbstverständlich nehmen, sondern sollten unnötige Diskussionen und Reibereien mit unseren Liebsten vermeiden. Stolz und nachtragende Charakterzüge müssen wir überdenken.

10. Vergebung – Oft genug kommt es vor, dass wir jemanden wegen etwas beschuldigen oder wütend auf ihn sind. Ob nun berechtigt oder nicht, was geschieht dabei mit unserer Frequenz? Sie sinkt auf der Bewusstseinsskala! Doch Großmut ist eine unbezahlbare Tugend. Also übe dich in Vergebung, denn das befreit nicht nur den anderen, sondern auch dich selbst.

11. Filme, Bücher und Soziale Medien – So wie die Ernährung, spielt es ebenfalls eine große Rolle, welche Filme du schaust, welche Bücher du liest und welche sozialen Medien du bevorzugt nutzt und was du generell täglich schaust. Konsumierst du beispielsweise mehrmals die Woche Horror- und Actionfilme, bei denen viel Blut fließt und du von einem Schock in den nächsten getrieben wirst, wird deine Schwingungen sich wohl sehr weit unten auf der Skala befinden. Erfreust du dich jedoch an herrlichen Natur-Dokus oder liest Bücher wie dieses hier, fühlst du dich wohl und entspannt, bist vollkommen ausgeglichen und dein Stimmung- und somit auch Schwingungspegel steigt. Als besonders wertvoll sehe ich auch soziale Plattformen, auf denen du dich mit Gleichgesinnten über deine Lieblingsthemen austauschen und viel Aufmerksamkeit geben und erfahren kannst.

12. Hinterfrage deine Süchte – Ja, auch das Suchtthema findet hier seinen Platz und sollte keinesfalls unterschätzt werden. Selbstverständlich möchte ich dir keinesfalls vorschreiben, was du wann und in welchem Umfang zu dir nehmen solltest. Aber ich lade dich dazu ein, deinen Konsum in Richtung Koffein, Tabak, Alkohol und Zucker etc. einmal selbst zu beleuchten und nachzuspüren, inwieweit du eventuell noch den einen oder andere Glaubenssatz bedienst, der dir schon lange nicht mehr dienlich ist. Du möchtest auf „bestimmte Dinge" nicht verzichten? Das verstehe ich vollkommen! Vielleicht gibt es die eine oder andere Lösung, wie du auf eine neue Weise spezielle „Befriedung" erfahren kannst. Oder steckt hinter den Süchten vielleicht ein verborgenes Leid, welches du kompensieren willst? Gerade die Lust auf etwas Süßes kann sehr leicht mit dem Griff zu einem leckeren Stück Obst gestillt werden und eine Tasse guter Tee ist oftmals beruhigender als eine Zigarette, deren „Duft" noch Stunden später in deinen Haaren und deiner Kleidung wahrzunehmen ist, nicht wahr? 😉

Weitere unterstützende Maßnahmen zur individuellen und kollektiven Frequenzerhöhung findest du auch unter anderem im Band 2 des Buches „Die Vision des Guten" von Christina von Dreien* und ihrer Mutter Bernadette).

Kapitel 14:

Zeit überlisten

Wie wir bereits gelernt haben, ist es notwendig, bewusst aus den uns bekannten, automatischen Gedanken an Vergangenheit und Zukunft auszutreten, um uns klar zu werden, was wir denken und was wir tatsächlich wollen. Auf diese Weise erhöhen wir bewusst unsere Energielevel. Auch haben wir haben gelernt, dass wir an bestimmten Orten in einer verschiedenen Geschwindigkeit altern können und dass sich für uns manche Sekunden wie Stunden und andersherum anfühlen. Diese Fakten können wir uns zunutze machen. Hier bieten sich uns, wie bereits erwähnt, 3 Möglichkeiten:

1. Wir können in die Vergangenheit reisen (siehe Kapitel 14.2) und somit innere Blockaden lösen. Dies hilft uns, besser zu manifestieren.

2. Wir besitzen die Macht, unsere Gegenwart - das Hier und Jetzt - auszudehnen und können uns somit noch leichter mit dem Universum verbinden (siehe Kapitel 14.1).

3. Auch eine Reise in die Zukunft ist möglich, was uns zusätzlich bei der Visualisierung des Wunschlebens hilft (siehe Kapitel 14.3).

Kapitel 14.1 Bewusstsein ausdehnen und sich mit dem universellen Sein verbinden

Gleich zu Beginn dieses Kapitels möchte ich dich zu einer besonderen „Ausdehnungsmeditation" nach Swami Sivananda* einladen, die es dir ermöglicht, dein Bewusstsein zu erweitern, die Zeit komplett zu vergessen und deine Verbindung mit dem Kosmos, dem Alles-was-ist zu spüren. Dies hat vor allem meinen sehr zeitlich eingebundenen Kunden helfen können, das universelle Bewusstsein zu spüren und das Ego ruhig zu stellen:

1. Setze dich dafür in eine für dich angenehme Position, in der entspannt für ca. 5 Minuten ruhig verbleiben kannst. Deine Wirbelsäule sollte dabei aufgerichtet sein und auf deinem Antlitz erscheint ein sanftes Lächeln. Atme ein paar Mal tief in den Bauch ein und wieder aus. Während des Einatmens denke: „Ich öffne mich.", währen des Ausatmens: „Ich lasse vollständig los." Wenn es für dich stimmig ist, beginne diese Meditation mit einem langgezogenen „Om, Om, Om."

   (Om besteht aus dem ersten und letzten Buchstaben des Sanskrit-Alphabets. Es steht für die Manifestation der spirituellen Kraft und wird deshalb auch als Sound des Universums bezeichnet).

2. Lenke deine Aufmerksamkeit auf deinen Unterkörper und stelle dir vor, wie sich dein Unterkörper mit jedem Atemzug immer weiter ausdehnt.

3. Richte deine Aufmerksamkeit nun auf deinen gesamten linken Körper, von der linken Schläfe bis zum linken Fuß, und erspüre das sich nach links ausstrahlende Energiefeld. Vielleicht nimmst du

es als eine Art Licht wahr. Was auch immer ist, alles ist richtig, genauso wie es ist. Stelle dir nun vor, dass dieses Licht sich mit jedem weiteren Atemzug noch weiter nach links ausdehnt. Immer weiter.

4. Spüre nun all deine nach rechts zeigenden Körperteile und Energiefelder und lass auch hier das Licht mit jedem Atemzug sich immer weiter nach rechts ausdehnen. Auch hier strahlt das Energiefeld immer weiter nach rechts aus. Dehne mit jedem Atemzug deine Bewusstheit weiter nach rechts aus.

5. Nun spüre all deine nach hinten zeigenden Körperteile und Energiefelder, von den Hacken, über das Gesäß bis zum Hinterkopf. Atme nun „nach hinten" und dehne dort dein Bewusstseinsfeld immer weiter nach hinten aus.

6. Danach richte deine Aufmerksamkeit nach vorne und spüre, wie du dich mit jedem Atemzug immer weiter nach vorne ausdehnst – von den Zehen, über die Knie, die Brust bis hin zur Stirn. Dein gesamter vorderer Bereich dehnt sich nun immer mehr aus und das Licht strahlt auch hier immer mehr und lässt dein Energiefeld sich noch weiter ausdehnen.

7. Spüre nun all deine nach oben zeigenden Körperteile, vom Fußrücken über die Schultern bis hin zu deinem Scheitel (Kronenchakra). Dann stelle dir ein Licht oberhalb deines Scheitels vor und atme nach oben und lass sich dort das Licht immer weiter ausdehnen und dein Bewusstseinsfeld mit jedem Atemzug immer mehr erweitern.

8. Fühle nun dein ganzes wundervolles Ich und spüre die Ausdehnung in alle Richtungen. Mit jedem Atemzug dehnst du nun dein gesamtes Energiefeld, deine gesamte Bewusstheit in alle Richtungen immer mehr aus. Atemzug für Atemzug. Weiter und weiter. Du bist vollkommen verbunden mit Allem-was-ist... In diesem tiefen Bewusstsein kannst du nun einen Wunsch an das Universum übermitteln, der dir gerade besonders am Herzen liegt. Vertraue darauf, dass er gehört und erfüllt wird.

9. Vertiefe nun weiter deinen Atem und spüre dich voller Kraft und Energie, voller Liebe, Freude, Dankbarkeit und Verbundenheit bereits für alles, was das Leben dir schenken mag, bereit für alle Aufgaben, die das Leben dir gibt. Om, Shanti. Om.

Kapitel 14.2 Neuprogrammierung des Denkens und Lösung von gedanklichen Blockaden

NLP steht für „Neuro-Linguistisches-Programmieren" und ist eine faszinierende Methode, die eigenen Fähigkeiten und Kräfte zu entdecken, diese zu verstärken und entsprechend zu nutzen. Mit NLP öffnen sich dir weitere wundervolle Wege, Problemlösungen zu nutzen und so deine Lebensqualität in relativ kurzer Zeit zu erhöhen und deine gewünschten Ziele zu erreichen.

Entwickelt wurde NLP in den 70er Jahren von dem Mathematiker Richard Bandler und dem Linguisten John Grinder. NLP ist eine Mischung aus den wirkungsvollsten Elementen der Gesprächs-, Familien-, Gestalt-, Verhaltens- und Hypnosetherapie sowie weiterer Methoden. Hierbei geht es jedoch nicht vordergründig darum, WARUM du etwas tust, sondern darum, WIE du etwas machst und WAS du dabei fühlst, hörst und siehst. All diese Informationen werden gespeichert, verarbeitet und zum erforderlichen Zeitpunkt abgerufen. Es werden also gezielt die Sinne, die Sprache und die Vorstellungskraft eingesetzt, um neue, wirkungsvolle Programme und hilfreiche Verhaltensweisen zu entwickeln. Gerade bei Allergien, Ängsten und zur Steigerung der Selbstheilungskräfte wird diese Methode besonders erfolgreich eingesetzt. Mit NLP kannst du jedoch auch seelische Blockaden und Trauma auflösen, die dich eventuell bisher noch daran hinderten, das Gesetz der Anziehung für dich umzusetzen.

Eine der wohl spannendsten NLP-Methoden, die ich bereits selbst erfolgreich ausprobiert habe, ist die „Time Line Therapy". Sie wurde in den 80er Jahren von Tad James* und Wyatt Woodsmall* ins Leben gerufen. Mit dieser grandiosen Technik werden vergangene oder zukünftige belastende Ereignisse sowie seelische Blockaden auf einer Art Zeitlinie auf sanfte Weise und oft erstaunlich schnell verändert und gelöst.

Bewerkstelligt wird diese Methode, indem man in der Vorstellung hoch über der Zeitlinie schwebt. Tad James stellt in diesem Zusammenhang eine sehr einfache, jedoch auch tiefgründige Frage: „Woher weißt du, wenn du morgens aufwachst, dass du Du bist?" Jeder von uns, so einzigartig wir auch sind, wurde durch seine Umgebung und seine Erfahrungen geprägt. Ein Italiener hat beispielsweise andere Wertvorstellungen als ein Norweger; ein Mensch, der Zeit seines Lebens in Armut und Mangel lebte, nimmt die (seine) Welt ganz anders wahr als jemand, der sprichwörtlich mit dem goldenen Löffel im Mund geboren wurde. So speichert jeder von uns andere Erfahrungen und all diese individuellen Erlebnisse, Gefühle und Erfahrungen werden in einer Art „Zeitlinie" gespeichert.

Nun möchtest du bestimmt wissen, wie genau das funktioniert, nicht wahr? Nun, bei der ursprünglichen Methode „Walking the Time Line" gehst du über eine gedachte Zeitlinie auf dem Boden. Es ist, als würdest du damit ein energetisches Feld betreten, das dich mit der Zeit und den jeweiligen Ereignissen jener Zeit verbindet und in Kontakt bringt. Dies erleichtert dir das Wiedererleben sowohl von belastenden als auch positiven Situationen und Zeiten in deinem Leben. Verblüffend ist, wie stark das Betreten der Zeitlinie und des damit verbundenen energetischen Feldes wirkt! Alte Verletzungen können dadurch verstanden und geheilt werden; wir können unsere Ressourcen vollständig ausschöpfen und diese erfolgreich für unsere gewünschte Zukunft nutzen.

Bei der „Time Line Therapie" nach James und Woodsmall verhält es sich ein wenig anders. Du gehst nicht auf der Zeitlinie, sondern schwebst hoch über der Zeit. Du begibst dich quasi schwebend zurück zur Grundursache eines Problems, und zwar zu dem Zeitpunkt, als dieses Problem zum allerersten Mal auftauchte. Gibt es spätere Situationen, die für dieses Thema emotional besonders bedeutsam für dich waren, begibst du dich auf diese Weise auch dorthin. Wenn es dir durch diese Methode gelingt, dieses erste Ereignis aufzulösen, so bringst du auch alle folgenden, damit verbundenen Erfahrungen dazu, sich positiv zu verändern und zu transformieren. Durch das Schweben hoch über der Zeit kommst du nicht emotional nicht mehr direkt mit den unangenehmen schmerzhaften Erlebnissen in Berührung, weil diese ja tief unter dir liegen und du den entsprechenden Abstand halten kannst, den du eventuell gerade haben willst und auch brauchst. Das macht diese sanfte Methode besonders gut geeignet für traumatische Belastungen. Hier sollte jedoch an der Stelle nochmal erwähnt werden, dass starke Traumata und andere, ernstzunehmende negative, psychische Belastungen auch ärztlich abgeklärt werden sollten. Natürlich kannst du auch in das jeweilige Ereignis eintauchen, wenn du den Impuls dazu erhältst. Aus therapeutischer Sicht ist es manchmal auch wichtig, das Erfahrene noch einmal zu durchleben, um es heilen und gehen lassen zu können. Ich selbst konnte somit beispielsweise unangenehme Gespräche oder Streitigkeiten aus der Vergangenheit noch einmal beleuchten und damit Frieden schließen. Auch den Kern negativer Glaubenssätze habe ich mit der Methode zusätzlich noch einmal wiedererleben können, was mir bei der Umprogrammierung ebenfalls geholfen hat.

Kapitel 14.3 Zukunftsreise des Wunschlebens

Eine weitere großartige Methode die ich als nützlich empfunden habe, um die Zeit zu überlisten und im Hier und Jetzt in die Zukunft zu reisen, ist die des Primings.

Die Methode der Zukunftsreise wurde inspiriert durch „The Gratitude Company"*, welche ein Buch auf Basis von Tony Robbins Prime Methode entwickelt wurde. Der Begriff „Priming" bezeichnet in der Psychologie meist die Beeinflussung der Verarbeitung eines Reizes dadurch, dass ein vorangegangener Reiz implizite Gedächtnisinhalte aktiviert hat. Die Verknüpfung des Reizes mit speziellen Assoziationen im Gedächtnis, aufgrund von Vorerfahrungen geschieht häufig und zum allergrößten Teil unbewusst. Doch einmal erkannt, können wir diesen Vorgang bewusst für uns nutzen. Ich selbst nutze diese Methode und führe sie direkt in meiner täglichen Routine am Morgen durch. Sie hilft mir dabei, meine Energien und Gedanken optimal für die Zukunft und meine Wünsche auszurichten. Damit erschaffe ich ideale Bedingungen für einen erfolgreichen Tag.

Prime Your Day – Ablauf:

1. Suche dir ein ungestörtes Plätzchen, setze dich aufrecht hin und schließe deine Augen. Beide Hände sind während des gesamten Vorganges geschlossen zu einer Faust.

2. Atme tief durch die Nase ein, Schultern und die Arme werden synchron zur Einatmung angehoben. Ober- und Unterarm sollten dabei im 90 Grad-Winkel zueinander platziert sein.

3. Atme durch die Nase stoßartig wieder aus, während die Schultern und Arme synchron zur Ausatmung nun wieder heruntergeführt werden, als würdest du etwas von dir wegdrücken wollen.

4. Führe weitere Atemzüge in diesem Schema durch. Die Atemzüge sollten dabei stets zügig und kraftvoll sein (Beispiel: Dampflok). Nach kurzer Zeit wirst du bemerken, dass diese Übung sehr energetisierend wirkt. Am Anfang können es ca. 10 Atemzüge sein, du kannst sie später bis zu 30 Atemzügen steigern.

5. Nachdem du dich durch diese Atemtechnik energetisiert hast, bemerkst du, dass du bereits wacher bist. Widme dich nun als nächstes der Dankbarkeit, um deine Frequenz noch weiter zu erhöhen. Denk hierbei an drei Dinge, für die du unendlich dankbar bist und konzentriere dich pro Thema eine Minute darauf, indem du gedanklich die Ereignisse vor deinem inneren Auge noch einmal abspielst und entsprechend fühlst. Je detailreicher, desto besser. Diese Erlebnisse können auch schon länger zurückliegen. Wichtig ist, dass du dir diesen Tag, den Moment oder einen ganz besonderen Menschen wie einen Film siehst. Du kannst auch einfach für den jetzigen Moment dankbar sein und ihn mit all deinen Sinnen spüren. Dies löst meist auch schon eine unheimliche Freude und Dankbarkeit in dir aus.

6. Visualisiere, wie ein Licht in deinen Kopf einströmt und sich dann in deinem ganzen Körper ausbreitet. Stelle dir als nächstes vor, wie diese Lichtenergie deinen Körper in den Raum um

dich herum fließt. Falls du dir z. B. etwas Positives für deine Familie wünscht, kannst du dieses strahlende Licht gedanklich auch in die Körper deiner Liebsten senden. Der Gedanke daran reicht hier vollkommen aus.

7. Nach dieser Lichtvisualisierung, widmest du deine Energie und deine Gefühle nun deinem persönlichen Erfolg und deinem Wunsch, welchen du manifestieren möchtest. Dies kann ein Wunsch für den heutigen Tag sein oder ein großes Ziel, welches du in deinem Herzen trägst. Es ist nicht wichtig, WIE sich dieses Ziel erfüllt, sondern dass dieses Ziel bereits erfüllt ist. Fühle die Dankbarkeit, die darin steckt. Wichtig ist hier wieder, diese Situation mit allen Sinnen vor deinem inneren Auge abzuspielen.

Kapitel 15:

Der Grübel-Notfallplan: Soforthilfe bei aufkommenden Zweifeln

Was kannst du schnell tun, wenn dein Ego dich einholt und daran erinnert, dass du doch schon vorher oftmals gescheitert bist? Was, wenn Zweifel in dir aufkommen und du womöglich dein Vertrauen in das Universum verlierst? Was, wenn andere Menschen dich durch ihre Aussagen bezüglich deines Manifestationsvorhabens verunsichern oder sogar regelrecht intervenieren? Keine Sorge, all das ist mir und meinen Kunden des Öfteren passiert und auch ein Teil des Prozesses! Auch hier lasse ich dich nicht allein und gebe dir einen kleinen Notfallplan an die Hand, der sich auch in meinem Leben immer wieder als hilfreich bewährt hat:

1. Das Wichtigste: Halte stets deine Energie hoch! Wenn du ein bestimmtes Thema hast, welches dich enttäuscht oder runterzieht, solltest du dir das noch einmal notieren. Halte dir stets vor Augen, was du diesbezüglich schon erreicht alles hast, da wir dies oft vergessen.

2. Folge immer Deinem Herzen und Deiner Intuition!

3. Checke noch einmal alle Sofortmaßnahmen, die deine Energiefrequenz erhöhen können, aus (siehe Kapitel 13).

4. Du zweifelst an der Erfüllung deines Wunsches hast? Nun, das Gesetz der Anziehung ist kein „Wuncherfüller", sondern ein Naturgesetz: „Gleiches zieht Gleiches an". Und so spiegelt dir das Leben eben genau diesen Zweifel wider. Also sehe das Erkennen deiner Zweifel als etwas Positives, denn – erst einmal bewusst gemacht, kannst du nun genau betrachten, wo es noch Blockaden bei dir gibt und diese mit Liebe und Verständnis auflösen. Ausreichende Tipps hierzu wurden dir ja bereits in diesem Buche vorgestellt. Denke also immer daran: Deine eigenen Überzeugungen werden sich immer im Leben widerspiegeln. Sind diese Überzeugungen und Glaubenssätze nicht hilfreich, so gilt es, sie zu ändern.

5. Sei mutig! Handle täglich immer genau so, wie du es aufgrund der Erinnerung an deine Vergangenheit heraus nicht getan hättest. Bisher haben dich die meisten deiner inneren Ängste und Blockaden ja auch nicht zu deinem Ziel geführt, also programmiere dein Gehirn um, denn so erweiterst du deine Komfortzone.

6. Konzentriere dich immer erst einmal auf eine Sache. Ist diese erreicht, dann mache weiter mit dem nächsten Ziel.

7. Sei dankbar, auch für Kleinigkeiten im Leben! Nichts ist selbstverständlich. Schreibe eine Dankbarkeitsliste auf für all die Dinge, die bereits in die richtige Richtung deines Zieles

geschehen. Oftmals werden diese von uns vergessen und somit können Zweifel auftreten, die deine Energiefrequenz wieder reduzieren.

8. Das, worauf du dich konzentrierst, wird wachsen! Wenn du deine Aufmerksamkeit auf deine Ängste, dein Ego, auf Grübeln oder Negatives richtest, wachsen diese. Konzentrierst du dich jedoch auf dein wahre Selbst, das Leben im hier und jetzt, auf deine innere Stimme und übernimmst die Verantwortung für dein Tun, siehst du dich nicht mehr als Opfer deiner Umstände. Du wirst deine Ziele und Wünsche erreichen. Je öfter du dich auf das Gute konzentrierst, desto stärker wird auch die chemische Reaktion in deinem Gehirn sein. Aus psychologischer Sicht nennt man dies auch „unconscious goal priming", einfach übersetzt: unbewusste Zielbeeinflussung oder -vorbereitung oder Briefkastenprinzip. Du speicherst die Intention „Brief abschicken" ab und das Gehirn sucht automatisch nach Möglichkeiten, diesen Plan in die Tat umzusetzen. Plötzlich fallen dir tausende Briefkästen auf, die deiner Meinung nach vorher noch gar nicht da gewesen sind (selektive Aufmerksamkeit).

9. Lerne, zu 100% zu vertrauen. Stell dir selbst die Frage, ob es möglich ist, dass sich viel in den nächsten 24 Stunden ändern kann, die Antwort lautet: „JA!"

10. Gehe noch einmal das durch, was du dir wünscht, aber was sich noch nicht verwirklicht hat. Bewerte von einer Skala von 0 bis 10, wie stark der Wunsch schon in Erfüllung gegangen ist und beantworte folgende Fragen ebenfalls von 0 bis 10 (hier: 0 = gar nicht, 10 = sehr): Wie stark stimmen a) meine Emotionen, b) meine Gedanken und c) meine Handlungen mit dem Wunsch überein? Wie passt meine innere Einstellung zu meinem Wunsch?

    Überprüfe, was du noch verbessern kannst. Wovor hast du Angst und warum? Was sind deine Unsicherheiten? Welche 3 Themen stressen dich am meisten? Welche Dinge triggern dich bei anderen Menschen? Hinterfrage alles und vergleiche es mit deinen Glaubenssätzen. Vergiss nicht: Du bist nicht deine Gedanken und nicht dein Verstand! Erarbeite, wie dir Fehler schon zu wichtigen Erkenntnissen verholfen haben; inwieweit deine Unsicherheiten sich schon verbessert haben und deine Trigger dich als Erinnerung weiterentwickeln können. Was musst du noch heilen? Verändere deine Perspektive!

11. Kreiere ein Vision Board oder eine Vision Box und hänge sie gut sichtbar auf, um dich liebevoll an deine Ziele zu erinnern. Dies festigt deinen Fokus und erhöht deine Frequenz.

12. Räume auf in deinem Zuhause und deinem Leben und entferne alles, was dich noch an Altes oder Negatives erinnert oder von deinem Wunsch ablenkt.

13. Erinnere dich: „Es ist okay, dass ich noch nicht weiß, WIE sich mein Wunsch erfüllt. Das Gesetz der Anziehung wird es für mich beantworten."

14. Erkenne dein Leben als ein Spiel und nimm nicht alles so ernst. Die Leichtigkeit schenkt dir die Flügel eines Schmetterlings!

15. Achte jederzeit auf deine Körperhaltung, denn diese sendet unsichere Signale aus – an das Universum und auch an dich selbst.

16. Erkenne die Stressoren in deinem Alltag, die deine Energiefrequenz sinken lassen und deine Bewusstheit rauben: Ängste, übermäßiger Handy-Konsum, zu viel Ablenkung im Außen, zu

wenig Schlaf, Stress, Suchtmittel, Leistungs- & Termindruck, Konflikte, Krankheit oder Verluste, Bewegungsmangel, Unterdrückung von Emotionen. Gefahr erkannt – Gefahr gebannt!

Zusätzlich gebe ich dir zur Beruhigung deines Geistes, zur Stressreduzierung und zur Verbesserung deines Energiehaushaltes noch eine Technik aus dem Buch „Die heilsame Kraft des Atems" von Ralph Skuban & Patrick Broome* an die Hand, die Bienenatmung:

Begebe dich in eine aufrechte Sitzposition und atme während der gesamten Übung durch die Nase tief ein, der Mund bleibt währenddessen geschlossen. Verschließe beim Ausatmen deine Ohren mit den Daumen und platziere deine Hände auf dem Kopf, sodass sich die Zeigefinger am Scheitel berühren. Nun beginne damit, beim Einatmen wie eine Biene zu summen. Es klingt auf den ersten Blick komisch, ist aber unheimlich effektiv! Probiere verschiedene Tonhöhen aus, die zu unterschiedlichen Frequenzen führen und spüre nach, welche sich heute für dich gut anfühlt. Zum Abschluss bleibe mit geschlossenen Augen ruhig sitzen und höre in deinen Körper hinein. Startet die Übung mit 3 Minuten und steigere dich allmählich.

Eine weitere, bewährte Technik zur Stressreduktion und somit zum Reduzieren negativer Gefühle und Zweifel ist die Mantrameditation. Ein Mantra (ursprünglich im Hinduismus zu finden) kann eine Silbe, ein Wort oder eine Wortfolge sein, die wiederholt aufgesagt, gedacht oder gesungen wird. Ein Mantra gibt dir totale Achtsamkeit, unabhängig von äußeren Umständen. Zudem bieten Mantras Schutz, dienen aber auch zur Fokussierung auf eines der Energiezentren im Körper und dessen Beeinflussung. Hier nun der Ablauf, wie ich ihn selbst gern durchführe:

1. Setze dich für 5 – 10 Minuten in einen ungestörten Raum und atme einige Male bewusst ein und aus. Ob du durch die Nase oder den Mund atmest, bleibt dir überlassen. Schließe deine Augen.

2. Wenn du dich entspannt und zentriert fühlst, sag leise für dich das Mantra „So hum". Dies bedeutet im Sanskrit „Ich bin", während du ruhig weiteratmest und dich auf dein inneres Geschehen konzentrierst. Sag es aus auf deine Weise aus deiner Intuition heraus, so dass du dich damit wohlfühlst. Gerne kannst du dies auch alle paar Sekunden wiederholen. Bleibe einfach aufrecht sitzen und genieße den Moment.

3. Falls es dir unangenehm ist, „So hum" laut auszusprechen, kannst du dies auch gern gedanklich tun. Bei der Mantrameditation wird dein Verstand wird nicht beruhigt, weil der Denkprozess gestoppt wird, sondern weil er in einen natürlichen, ruhigen Modus versetzt wird. Wichtig ist hierbei, dass du nichts erzwingst, sondern deiner Intuition folgst. Durch das Wiederholen des Mantras wird dein Verstand automatisch beruhigt. Falls doch Gedanken hochkommen, ist das kein Problem. Wenn du es merkst, versuche einfach, wieder sanft zum Mantra zurückzukommen.

Diese Meditation kann dir helfen, die Balance zwischen Körper und Geist wieder herzustellen. Falls eine bestimmte Emotion oder ein starker Gedanke dich vom Mantra abhält, konzentriere dich auf den Ort im Körper, wo du es am meisten spürst. Hier lernst du es zu akzeptieren, ohne es wegzudrücken oder dich dafür zu verurteilen. Übrigens wird es mit dieser Übung auch einfacher, dich in die positive Gefühlslage deiner gewollten Schwingungen zu versetzen und in stressvollen Momenten zentriert zu bleiben.

Kapitel 16:

Audio-Bonus: Meditationen zur Entblockierung deiner Chakren und Gestaltung deiner Wunschzukunft

Als Ergänzung zu Kapitel 9 und der Meditation „Schlechte Glaubenssätze auflösen", findest du hier zwei weitere Meditationen, die deine Chakren entblockieren und deine Wunschzukunft kreieren. Scanne den QR-Code wie in Kapitel 9 einfach mit deinem mobilen Endgerät und lege ganz einfach los. Viel Spaß beim Wunder erschaffen!

www.chakrenmeditation.hderleben.de

www.manifestation.hderleben.de

Kapitel 17:

Dein angeleiteter 15-Minuten Glückskompass (21-Tage Transformationstagebuch)

Es geht los, du bist bei deinem persönlichen 15-Minuten Glückskompass angelangt! Bist du bereit, dir endlich das Traumleben zu erschaffen, wonach du dich schon ewig sehnst?

Hier siehst du, wie ich schrittweise die bereits in diesem Buch erwähnten Methoden als ein 3-Wochen Erfolgsprogramm mit meinen Teilnehmern absolviere, um den Erfolg des Manifestierens zu maximieren. Wie du bereits erfahren konntest, steckt hinter dem erfolgreichen Manifestieren viel mehr als nur das Aufschreiben deines Wunsches – Du musst völlig entschlossen daran glauben, dass du es empfangen wirst, bedeutet: Du musst es fühlen und bereits in Fülle leben! Denn so lebst du mit dem Naturgesetz, was dir dann ganz automatisch alles zukommen lassen wird! Klingt klasse, ist es auch.

Es empfiehlt sich, das Buch vorher vollständig durchgelesen zu haben und die Übungen schon einmal ausprobiert haben. Dies ist aber kein Muss. Trotzdem sollte es dir 100% bewusst sein, dass du dir selbst und dem Universum vertrauen kannst. Du MUSST sicher sein, dass es keine Grenzen gibt und du ALLES verdienst, was du dir wünscht!

Warum und wieso habe ich dir im Buch schrittweise erklärt. Wenn man die Theorie dahinter versteht und die Übungen zu dem Thema negative Glaubenssätze durchgeführt hat, ist es für den Start einfacher.

Bitte hinterfrage also genau, ob es noch Glaubenssätze gibt, die dich eventuell vom Weg abhalten. Falls du dir noch unsicher bist, arbeite dich noch einmal durch die entsprechenden Kapitel des Praxisteils durch. Dies nimmt am Anfang zwar mehr Zeit in Anspruch, jedoch verstehst du dann genau, warum und weshalb alles so ist, wie es ist. Und dies führt dich somit noch schneller und effektiver an dein verdientes Traumleben.

Der Kompass startet mit vorbereiteten Themen für den Alltag, damit du das Manifestieren erst einmal üben kannst, bevor es an deine Herzenswünsche geht – Ja, ich habe dir gesagt, dass viele Details sehr wichtig sind für das Manifestieren, doch zum Warmwerden konzentrieren wir uns erst einmal nur auf das Gefühl, damit du siehst, wie viel allein deine Einstellung und deine Ausrichtung im Alltag bewirken kann und du das Meditieren und die Achtsamkeit im Alltag übst. Das gibt dir den Extraschub Mut und Vertrauen, bevor es an deine eigenen, detailreichen Wünsche geht. Wichtig ist es auch, dass du die Aufgaben zum Formulieren deiner Wünsche detailliert durchgeführt hast, da wir diese ab der zweiten Woche benötigen.

Also, Wir starten jedoch simpel, um es gezielt zu trainieren und arbeiten uns dann langsam hoch – viel Spaß :-)

Tag 1 Zitat des Tages: *„Wenn Sie es träumen können, können Sie es tun"* -Walt Disney

Frequenzerhöhungsaufgabe für den Tag: Starte heute deinen Tag mit einem halben Liter Wasser und ernähre dich heute von unverarbeiteter, vegetarischer Kost. Versuche auch, dies in Zukunft so gut es geht beizubehalten. Du wirst einen deutlichen Unterschied spüren, wenn du auf unverarbeitete, frische Kost setzt. 😊

Morgens (circa 7 Minuten):

Beginne in den nächsten drei Wochen täglich direkt nach dem Aufstehen mit diesen Aufgaben, bevor du jegliche Dinge wie Handy checken, Nachrichten beantworten, Social Media etc. in Angriff nimmst. Dein Unterbewusstsein ist die ersten Minuten nach dem Aufstehen und die letzten Minuten vor dem Schlafengehen sehr aktiv! Das müssen wir nutzen.

1. **Intention setzen (Lese dazu gerne nochmal Kapitel 9, Übung 3):** Wähle eine positive Intention für deinen Tag (z.B. ich gehe mit Leichtigkeit durch den Alltag, ich lasse mich heute nicht von Kleinigkeiten stressen, ich wähle Verständnis, ich bleibe dankbar), die du für wichtig hältst:

    _____

    Schließe deine Augen und sag dir diesen Satz drei Mal vor deinem inneren Auge auf. Fühle dich in diese positive Intention hinein und sei dir sicher, dass du auf dich vertrauen kannst. Stelle dir eine Situation vor, in der du diese Intention lebst – In welcher Situation kannst du in einer höheren Frequenz handeln? Erinnere dich mehrmals täglich daran!

2. **Dankbarkeit praktizieren:** Beginne anschließend dich bewusst fünf Minuten aufrecht hinzusetzen und die Augen zu schließen. Das Sitzen verhindert, dass du wieder einschläfst. Bleibe mit deiner Wirbelsäule so aufrecht wie möglich, die Hände kannst du auf deinen Knien oder auf deinem Schoß platzieren. Atme ein paar Mal tief ein und aus, während du die Atemzüge bewusst mitzählst (jeweils 5 Sekunden pro Ein- und Ausatmung). Ziehe die Atmung in die Länge. Wenn du spürst, dass du im Moment angekommen bist, nimmst du jeden Atemzug, um dich vor deinem geistigen Auge an eine Sache zu erinnern, für die du dankbar bist. Es können Momente, Menschen, Gegenstände sein, das ist ganz dir überlassen! Es fällt dir sicher was ein, du kannst auch mit Dingen anfangen, die man oft als selbstverständlich nimmt: Dein Dach über dem Kopf, dein Essen, deine Körperteile etc. Sprich innerlich mit, wofür du dankbar bist, und sei dir bewusst, was du bereits im Besitz hast. Führe dies für einige Minuten durch und bleib weiterhin sitzen für die nächste Aufgabe:

3. **Manifestation des Tages:** In Anschluss an die Dankbarkeit geht es nun an das Manifestieren. Du hast im Theorieteil gelernt, dass eine detailreiche Manifestation für deine Wünsche am besten ist. Für das Üben ist es jedoch sinnvoll, sich erst einmal auf die erhöhte Frequenz zu konzentrieren, denn mit dieser widerfährt dir automatisch Positives, auch wenn du das Endergebnis diesmal noch nicht vor Augen hast! Heute geht es um das Thema „Überraschung". Du lässt dich einfach positiv vom Universum berieseln, damit wir das Vertrauen weiter festigen. Du kannst dich freuen! Meine Kunden konnten es selbst nicht glauben, aber durch die Vorfreude garantierst du dir schon dein persönliches Geschenk am ersten Tag. Wie fühlt es sich für dich an? Schließe deine Augen und spreche diesen Satz laut oder leise für dich aus:

„Es ist ein schönes Gefühl zu wissen, dass das Universum heute eine positive Überraschung für mich bereithalten wird."

Freu dich auf deine Überraschung und spüre die Vorfreude für den Tag. Suche nicht nach Zeichen oder Andeutungen, sondern vertraue dem Universum einfach vollkommen! Du kannst jederzeit deine Manifestation in glücklichen Momenten jedoch wiederholen, wenn du eine hohe Frequenz spürst. So kann sich dein Gehirn auch besser in das Positive vernetzen und du kannst deinen Wunsch an das Universum verfestigen. Viel Spaß.

Mittags (Circa 2 Minuten):

4. Achtsamkeit: Jeder weiß, wie schnelllebend ein normaler Alltag sein kann. Umso wichtiger ist es aber, dass du immer wieder Momente einbaust, in denen du achtsam bist. Nimm dir nochmal Zeit, zehn tiefe Atemzüge zu nehmen und dir deine heutige Intention drei Mal innerlich aufzusagen.

5. Liebe: Um die Frequenz noch weiter zu erhöhen, schenke jemanden in deinem Umfeld, mit dem du normalerweise wenig kommunizierst, ein aufrichtiges Lächeln oder biete heute aktiv deine Hilfe an. Es kann auch eine Kleinigkeit sein, wie beispielsweise die Tür aufzuhalten oder zu fragen, ob er oder sie auch was vom Bäcker möchte. Dies macht bereits einen enormen Unterschied!

Abends (Circa 6 Minuten):

6. Journaling: Glückwunsch, der erste Tag ist fast abgeschlossen! 😊 Nimm dir bitte hier einige Minuten Zeit, um deinen Tag und deine Manifestation schriftlich festzuhalten. Beantworte dafür folgende Fragen und achte darauf, dich auf die positiven Dinge zu konzentrieren und auch Verbesserungen positiv zu formulieren, um den Fokus wieder ins Positive zu richten. Vergiss nicht: Alles worauf du den Fokus legst, beeinflusst deine unsichtbare Energieblase.

Was hat dir heute die größte Freude bereitet? Schreibe es so detailliert wie möglich nieder:

_____

_____

Was war deine heutige Überraschung vom Universum?

_____

_____

Worauf bist du heute am meisten stolz?

_____

_____

Wem konntest du heute etwas Gutes tun?

_____

_____

Deine liebevolle Erinnerung an dein Ego – Welcher Situation wirst du morgen mit einer höheren Schwingung begegnen? (Dies kannst du auch beispielsweise morgen als Intention wählen)

_____

_____

Wie bringe ich morgen noch mehr Harmonie und Liebe in meinen Alltag?

_____

_____

In welcher Situation hast du heute dich am wohlsten gefühlt?

_____

_____

Tag 2 Zitat des Tages: _„Alles, was wir sind, ist das Ergebnis dessen, was wir gedacht haben."_ – Buddha

Frequenzerhöhungsaufgabe für den Tag: Höre heute beim Autofahren, beim Essen oder bei der Arbeit einige Minuten die Solfeggio Frequenzen an, beispielsweise auf YouTube oder Spotify. Du kannst sie auch im Hintergrund laufen lassen! Was diese Frequenzen sind, kannst du in dem Buch detailliert nachlesen.

Morgens (circa 7 Minuten):

1. Intention setzen: Du wirst die nächsten Wochen täglich morgens eine Intention setzen. Sie soll dir stets helfen, den Fokus zu richten. Wähle wieder eine geeignete Intention für dich aus:

_____

Schließe deine Augen und sag dir diesen Satz drei Mal vor deinem inneren Auge auf. Fühle dich in diese positive Intention hinein und sei dir sicher, dass du auf dich vertrauen kannst. Vergiss außerdem nicht, dir diese mehrmals täglich in Erinnerung zu rufen.

2. Dankbarkeit praktizieren: Atme ein paar Mal tief ein und aus, während du die Atemzüge bewusst mitzählst (jeweils 5 Sekunden pro Ein- und Ausatmung). Ziehe die Atmung in die Länge. Wenn du spürst, dass du im Moment angekommen bist, nimmst du jeden Atemzug, um dich vor deinem geistigen Auge an eine Sache zu erinnern, für die du dankbar bist. Es können Momente, Menschen, Gegenstände sein, das ist mal wieder ganz dir überlassen! Natürlich kann es auch die gestrige Überraschung sein, die dir den Tag versüßt hat. Führe dies für einige Minuten durch und bleib weiterhin sitzen für die nächste Aufgabe:

3. Manifestation des Tages: Heute werden wir etwas spezifischer, denn es soll um eine liebevolle Geste eines Freundes oder einer Freundin gehen. Was es ist, wird heute noch offengehalten. Wir starten noch nicht mit der Visualisierung einer bestimmten Geste, dies folgt in den nächsten Tagen. Wir konzentrieren uns hierbei nochmal ausschließlich auf die Energie der Dankbarkeit und Liebe! Als nächstes schließt du deine Augen und sprichst folgenden Satz laut oder leise aus, während du dich in das Gefühl hineinversetzt:

„Ich bin im Prozess, heute eine liebevolle Geste eines Freundes/einer Freundin zu erhalten!"

Mittags (circa 2 Minuten):

4. Kleine Dankbarkeitsübung: Egal wo du jetzt gerade bist, wenn du diesen Satz liest, nimm dir etwas zu schreiben, falls du ein Manifestationstagebuch angefertigt hast, gerne das. Es kann aber auch dein Handy sein oder du nutzt einfach den Platz in den kommenden Zeilen. Nimm dir hier bewusst zwei Minuten Zeit und schreibe hier fünf Dinge herunter, für die du heute dankbar bist. Ja, dies hast du morgens schon durchgeführt. Jedoch ist Dankbarkeit der Schlüssel zum Perspektivwechsel, welchen du dir langfristig in deine Routine integrieren solltest! Vergiss außerdem nicht es den Personen, für die du dankbar bist, zu zeigen! Also, los geht es:

_____

_____

5. Hochfrequentierte Nahrung: Wie hat dir das Essen des gestrigen Tages gefallen? Ich empfehle dir, einen gesunden Essensstil als Routine in deinen Alltag zu integrieren. Setzen wir hier die gesunde Routine fort, indem du dir als weitere Aufgabe nimmst, entweder ein Stück Obst oder Gemüse zu deinem Mittag, als Snack oder zu deinem Abendessen zu essen. Vergiss nicht: Du tust es für deine Gesundheit!

Abends (ca. 6 Minuten):

6. Journaling:

Wofür warst du heute am meisten dankbar? Schreibe es so detailliert wie möglich nieder:

_____

_____

Welche Person hat dir heute mit einer Geste den Tag versüßt? Wie sah diese Geste aus?

_____

_____

In welcher Situation konntest du deine Intention heute verkörpern?

_____

_____

Wem konntest du heute etwas Gutes tun?

_____

_____

Deine liebevolle Erinnerung an dein Ego – Welcher Situation wirst du morgen mit einer höheren Schwingung begegnen? (Dies kannst du morgen auch als Intention wählen)

Wie bringe ich morgen noch mehr Harmonie und Liebe in meinen Alltag?

Welche positive Situation hat dir heute das Wetter ermöglicht? Egal ob Sturm oder Sonnenschein, jede Lage bringt etwas Schönes mit sich. Schreib es nieder:

Tag 3 Zitat des Tages: *„Entweder du denkst, du kannst es, oder du denkst, du kannst es nicht. Du hast recht."* – Henry Ford

Frequenzerhöhungsaufgabe des Tages: Achte heute im Alltag ganz genau, was oder wer dich stresst und eine Gefahr darstellt, deine Energieblase zu reduzieren. Versuche es, dich in diesen Momenten zu erden und bewusst einen tiefen Atemzug zu nehmen. Wenn du dieser Situation nicht entgehen kannst, probiere es mit einem Perspektivwechsel und versuche, diese Situation anders zu bewerten.

Morgens (8 Minuten):

1. **Intention setzen:** Heute wählen wir bewusst eine Intention, die deine negativen Glaubenssätze bearbeitet. Dies hast du schon bereits im Kapitel 9 durchgeführt. Noch einmal als Erinnerung: Wenn du beispielsweise jemand bist, der sich selbst zu stark unter Druck setzt, nimmst du dir heute die Intention, mit Leichtigkeit durch den Tag zu gehen und Fehler liebevoll als Lehrer anzunehmen:

   _____

2. **Kleine Meditation:** Setze dich wie gewohnt aufrecht hin und schließe deine Augen. Nimm einige Atemzüge, um im Moment anzukommen, lege deine Hand auf dein Herz und zähle liebevoll deine Atemzüge mit: Das Einatmen sollte fünf Sekunden dauern, das Ausatmen versuchst du etwas in die Länge zu ziehen, indem du in sieben Sekunden den Atem ausströmen lässt. Stelle dir als nächstes die Frage, wie du dich fühlst. Atme ruhig weiter und beobachte einfach deine Emotionen, ohne sie zu bewerten. Wie fühlt sich deine Emotion an? Ist sie schwer oder leicht? Wo fühlst du sie mehr und wo weniger? Nimm hier noch einige Atemzüge. Nun denkst du an die Intention, die du dir für heute gesetzt hast. Sag sie dir vor deinem geistigen Auge auf und fühle, wie diese deinen Alltag positiv beeinflussen kann. Gehe mental deinen heutigen Alltag einmal durch und begrüße gedanklich jede Herausforderung mental. Falls du Stress oder Angst verspüren solltest, ist das völlig in Ordnung. Überlege dir, was das schlimmste wäre, was passieren kann? Meist machen wir uns umsonst viele Gedanken und malen uns das schlimmste aus. Versuche gedanklich den Tag mental mithilfe deiner Intention so zu richten, dass es deinem Ideal entspricht und fühle dich hinein. So schwingst du dich in die Realität ein, die du dir für den Alltag wünscht.

3. **Manifestation:** Passend zu deiner Intention geht es heute um dein persönliches Wohlbefinden und Zufriedenheit. Heute manifestierst du etwas, was dich glücklich und zufrieden fühlen lässt und dein Wohlbefinden steigert. Wann hast du dich das letzte Mal gut gefühlt, was hast du dabei getan? Schließe deine Augen und fühle dich wieder in die Situation hinein. Wir üben heute wieder das Fühlen. Sage dir laut oder leise folgenden Satz auf:

„Der Gedanke, dass das Universum mir heute mehr Wohlbefinden und Zufriedenheit sendet, fühlt sich unglaublich an!"

Mittags (1 Minute):

4. **Liebe zeigen:** Denke an eine Person, die du über alles liebst. Genau der Person, die dir zuallererst in den Sinn kommt, nutzt du für diese Aufgabe: Ruf diese Person an oder schreibe ihr und bedanke dich, dass sie in deinem Leben ist. Nenne drei Attribute, die du an dieser Person liebst, die ersten drei, die in den Sinn kommen.

Abends (6 Minuten):

5. **Selbstreflexion:** Bevor wir mit dem Journaling starten, nimm dir hier eine Minute Zeit, um kurz zu hinterfragen, ob es eine bestimmte Routine gibt, die du gerne ändern möchtest, da sie dich nicht vorwärtsbringt oder unnötig Zeit frisst. Dies kann zudem ein Stressor sein, den du heute als Aufgabe finden solltest. Stelle dir somit beide Fragen:

Welche Routine könntest du in der Zukunft optimieren oder ändern und wie könnte diese neue Routine aussehen?

_____

Wie kannst du morgen deinen Stressfaktor im Alltag reduzieren, worauf solltest du gedanklich achten? Formuliere positiv eine Besserung, die du morgen vornehmen wirst:

_____

6. **Journaling:**

Inwiefern hat dich deine heutige Intention positiv beeinflusst?

_____

Wofür bist du heute am meisten dankbar?

_____

Welcher Person hast du heute deine Liebe und Dankbarkeit gezeigt?

_____

Was hat dich heute wohlfühlen lassen und zufriedengestellt?

_____

Tag 4 Zitat des Tages: *„Gedanken bekommen Dinge. Wenn du es gedanklich siehst, wirst du es in deiner Hand halten."* – Bob Proctor

Frequenzerhöhungsaufgabe des Tages: Integriere heute bewusst mehr Bewegung in deinen Alltag. Fahre mit dem Fahrrad zur Arbeit, führe eine Yogaeinheit durch, gehe laufen oder spazieren.

Morgens (5 Minuten):

1. **Intention setzen:** Reflektiere die letzten Tage und schaue, welche Intention dir am wichtigsten erschien. Du kannst selbstverständlich auch wieder gleiche Intentionen setzen, wenn du merkst, dass du in einer bestimmten Thematik deinen Fokus mehr bewahren willst:

_____

2. **Achtsamkeitsübung:** Heute starten wir mit einer einfachen Achtsamkeitsübung, die du im Kapitel 2.4 im Buch bereits kennengelernt hast. Setze dich wie gewohnt aufrecht hin und schließe deine Augen. Achte immer in deiner Morgenroutine darauf, dass du Dinge wie Social Media und Nachrichten lesen nach hinten verschiebst und die ersten Minuten ausschließlich für dich nutzt – und das täglich! Stelle dir deinen Timer auf vier Minuten oder länger, wenn du Zeit hast. Beobachte in diesen Minuten der Achtsamkeit, was dir durch den Kopf geht und frage dich, ob du auch Gedankenlücken und Stille zwischen deinen Gedanken feststellen konntest? Wie sehen deine Gedanken aus? Kannst du ihnen eine Farbe zuweisen oder einen Geruch? Wie viele Lücken konntest du zwischen deinen Gedanken feststellen?

3. **Manifestation:** Heute geht es um Persönlichkeitsentwicklung, die dich mehr zu dir selbst finden lässt – Du wirst eine Inspiration für deine persönliche Weiterentwicklung in deinen Alltag ziehen. Vergiss nicht, dich wieder in die Schwingung hineinzufühlen und freue dich auf einen spannenden Tag, der vor dir liegt! Nimm wieder einige Atemzüge und achte darauf, dich erst einmal hineinzufühlen und achtsam mit dir zu sein:

   „Ich liebe die Idee, dass das Gesetz der Anziehung mir heute eine ganz persönliche Inspiration für meine Weiterentwicklung für mich bereithält!"

Mittags (3 Minuten):

4. **Perspektive ändern:** Es ist normal, dass man im Alltagstrotz in den Autopilotmodus verfällt. Dementsprechend habe ich wieder eine Achtsamkeitsübung für deinen Alltag eingebaut: Wir neigen dazu, gedanklich schnell in die Abwärtsspirale zu verfallen. Nicht alles kann in der Schnelllebigkeit heutzutage glatt laufen. Ein wichtiges Tool für die Manifestation ist jedoch der Perspektivwechsel. Bei jeder negativen Emotion oder einem schlechten Gedanken kannst du diesen in die positive Bahn lenken: Bahn verpasst? Kaffee übergeschüttet bekommen? Ärger mit Familie oder Arbeitskollegen? Versuche es mehr mit Humor und als Chance zu sehen: Kann der Streit dir eventuell helfen, deine Schattenseiten zu bearbeiten oder jemanden aus deinem Leben zu entfernen, der nicht mehr da sein sollte? Nutze diese Momente als Chance und nehme dein Leben selbst in die Hand: Hinterfrage, ob

so eine Situation heute stattgefunden hat und nutze den Rest des Tages, in für dich stressigen und negativen Situationen achtsam zu bleiben. Nimm einen tiefen Atemzug, bringe dich in den Moment und frage dich, was du aus dieser Situation für dich selbst mitnehmen kannst.

Abends (7 Minuten):

5. Journaling:

Nenne fünf Dinge, für die du heute dankbar bist:

_____

_____

Was war heute deine persönliche Inspiration, die dir das Universum beschert hat?

_____

_____

Welchem Moment solltest du das nächste Mal mit einem Perspektivwechsel begegnen und wie wird dieser ausschauen?

_____

_____

Wie hat es sich angefühlt, etwas Gutes für deinen Körper zu tun und wie sah Bewegung heute für dich aus?

_____

_____

Wem konntest du heute etwas Gutes tun?

6. **Eine Portion Selbstliebe:** Super! Du konntest dich bereits durch vier volle Tage deines Glückskompass arbeiten. Sei stolz auf dich und vergiss nicht, auch für dich selbst dankbar zu sein. An seinen Träumen zu arbeiten, bedarf Willenskraft, Disziplin und Kontinuität. Schreibe dir hier fünf Punkte so detailreich wie möglich herunter: Dinge, die du an dir besonders liebst und auf die du in letzter Zeit stolz bist.

1.

2.

3.

4.

Tag 5: Zitat des Tages: *„Ask for what you want and be prepared to get it"* – Maya Angelou

Frequenzerhöhungsaufgabe des Tages: Probiere einen Tag deine sozialen Medien wie TikTok, Facebook und Instagram ausgeschaltet zu lassen. Beobachte die Momente, in denen du automatisch nach deinem Handy greifen willst. Auch hier solltest du achtsam sein, da dies durch deinen Autopiloten schon automatisch passiert. Überlege zudem, welchen Seiten du folgst und was du dir anschaust. Passt es zu deinen Träumen und zu der Frequenz, die du erreichen willst?

Morgens (8 Minuten):

1. Intention setzen: Setze hier wie gewohnt deine Intention für den heutigen Tag:

Vergiss nicht, diese Intention dir drei Mal täglich laut oder leise aufzusagen, um sie in dein Unterbewusstsein zu verankern.

2. Dankbarkeit: Setze dich wie gewohnt in einer aufrechten Haltung hin und schließe deine Augen. Atme ein paar Mal tief ein und aus, während du die Atemzüge bewusst mitzählst (jeweils 5 Sekunden pro Ein- und Ausatmung). Ziehe die Atmung in die Länge. Wenn du spürst, dass du im Moment angekommen bist, nimmst du jeden Atemzug, um dich vor deinem geistigen Auge an eine Sache zu erinnern, für die du dankbar bist. Es können Momente, Menschen, Gegenstände sein, das ist mal wieder ganz dir überlassen! Natürlich können es auch die Überraschungen vom Universum, die du bereits erhalten hast! Führe dies für einige Minuten durch und bleib weiterhin sitzen für die nächste Aufgabe:

3. **Manifestation und Visualisierung:** Direkt im Anschluss manifestierst du dir heute eine Form von Geld! Es kann von einem Gutschein, Geld finden oder aber auch eine Gehaltserhöhung oder ein Gewinn alles dabei sein. Wichtig ist – wie immer – dich in dieses Gefühl hineinzufühlen. Da wir schon bei Tag 5 angekommen sind, fangen wir ab sofort zusätzlich an, detailreicher zu werden und deine Manifestation zu visualisieren. Was genau möchtest du heute erhalten, einen Gutschein, ein Gewinn? In welcher Form soll es das Geld zu dir kommen und wo? Beende den Satz so detailreich wie möglich:

Ich habe entschieden, dass ich heute _____ .

Wenn du dir den Satz vervollständigt hast, geht es an die Visualisierung. Vergiss nicht, diese dann vor deinem inneren Auge so detailreich abzuspielen wie möglich. Tue so, als wäre es schon geschehen und fühl dich hinein, denn das ist der Schlüssel:

Schließe nochmals deine Augen. Nimm hier noch drei tiefe Atemzüge und sage dir anschließend den Satz laut oder leise für dich auf. Fühle dich in das Gefühl der Dankbarkeit und des Glücks hinein, die die Überraschung für dich bereithält und starte, diese vor deinem inneren Auge zu visualisieren: Wie fühlst du dich, wie sieht die Überraschung aus und in welcher Situation erhältst du sie? Wer ist daran beteiligt und ganz wichtig, wie fühlst du dich dabei? Du kannst diese Visualisierung auch in deinen Alltag einbauen, wenn du freund- und liebevolle sowie dankbare Momente hast. Vergiss nicht: Die Atome organisieren sich immer so, wie du dich fühlst!

Mittags (3 Minuten):

4. **Reflexion:** Welche positive Änderung konntest du bis jetzt heute ohne Social Media feststellen?

_____

_____

5. **Visualisierung:** Nimm dir heute noch einmal bewusst im Alltag Zeit, deine Visualisierung der heutigen Manifestation einzubauen. Somit übst du, diese auch im Alltagswahn nicht zu vergessen und bewusst deine Gefühle zu kontrollieren.

Abends (6 Minuten):

6. Journaling:

Nenne fünf Dinge, für die du heute dankbar bist:

Was war heute dein persönliches Geldgeschenk, was dir das Universum beschert hat?

Wie kannst du deine Social Media Nutzung noch besser gestalten?

Wem konntest du heute etwas Gutes tun?

Was hat dich heute am glücklichsten gemacht?

Tag 6: Zitat des Tages: *„Alles ist Energie. Du bist ein Energiemagnet, also ziehst du alles an und bringst dich selbst in Schwung, um alles zu erreichen, was du willst."* – Rhonda Byrne

Frequenzerhöhungsaufgabe des Tages: Buche dir heute einen Termin bei deinem Lieblingsfriseur, Lieblingsrestaurant oder reserviere dir einen Massagetermin – Belohne dich mit etwas, worauf du dich besonders freust und deine Energieblase steigen lässt!

Morgens (8 Minuten):

1. Intention setzen: Setze hier gewohnt deine persönliche Intention für deinen heutigen Tag:

_____

_____

Vergiss nicht, bestenfalls diese Intention drei Mal täglich laut oder leise aufzusagen, um sie in dein Unterbewusstsein zu verankern.

2. Dankbarkeit: Setze dich wie gewohnt in einer aufrechten Haltung hin und schließe deine Augen. Atme ein paar Mal tief ein und aus, während du die Atemzüge bewusst mitzählst (jeweils 5 Sekunden pro Ein- und Ausatmung). Ziehe die Atmung in die Länge. Wenn du spürst, dass du im Moment angekommen bist, nimmst du jeden Atemzug, um dich vor deinem geistigen Auge an eine Sache zu erinnern, für die du dankbar bist. Es können Momente, Menschen, Gegenstände sein, das ist mal wieder ganz dir überlassen! Natürlich können es auch die großartigen Dinge vom Universum, die du bereits erhalten hast! Führe dies für einige Minuten durch und bleib weiterhin sitzen für die nächste Aufgabe:

3. Manifestation und Visualisierung: Heute wird es romantisch! Egal, ob du in einer Beziehung bist oder deinen Traummann/deine Traumfrau noch suchst: Manifestier dir eine romantische Geste deines Partners, einen heißen Flirt oder eine Nachricht deines Schwarms.

Überlege dir wieder genau, wer dir diese Aufmerksamkeit vermitteln soll und wie. Falls du niemanden bestimmten im Kopf hast, denke jedoch so detailliert wie möglich darüber nach, wie diese Geste aussehen soll und wie du dich fühlst. Hier geht es wieder darum, das Visualisieren zu üben und sich gleichzeitig in die erwünschte Schwingung hineinzufühlen:

Es ist ein schönes Gefühl zu wissen, dass _____

_____ .

Wenn du dir den Satz vervollständigt hast, geht es an die Visualisierung. Vergiss nicht, diese dann vor deinem inneren Auge so detailreich abzuspielen wie möglich. Tue so, als wäre es schon geschehen und fühl dich hinein, denn das ist der Schlüssel:

Schließe nochmals deine Augen. Nimm hier noch drei tiefe Atemzüge und sage dir anschließend den Satz laut oder leise für dich auf. Fühle dich in das Gefühl der Dankbarkeit und des Glücks hinein, die die romantische Überraschung für dich bereithält und starte, diese vor deinem inneren

106 | Manifestieren & Wunder erschaffen

Auge zu visualisieren: Wie fühlst du dich, wie sieht die Geste aus und in welcher Situation erhältst du sie? Wer ist daran beteiligt und ganz wichtig, wie fühlst du dich dabei?

Mittags (3 Minuten):

4. **Dankbarkeit:** Was ist die schönste Geste, die du in letzter Zeit von deinen Liebsten erhalten hast? Wer war es und wie sah diese aus?
Ruf diese Person an oder schreib ihr, um nochmal deine Dankbarkeit auszudrücken und diese Person spüren zu lassen, wie du dich dabei gefühlt hast!

5. **Achtsamkeit:** Nimm – egal wo du gerade bist – zehn tiefe Atemzüge, während du immer darauf achtest, in den Bauch zu atmen. Zähle bei jeder Ein- und Ausatmung bis fünf. Spürst du, wie diese Achtsamkeitsübung dich wieder in Moment bringen kann?

Kleiner Tipp: Wenn du im Alltag ein Gefühl von Achtsamkeit, Liebe und Glück spürst, nutze diese Situationen zum üben, um deine Visualisierung zu praktizieren. Es genügt jedoch, diese einmal täglich in einer hohen Energiefrequenz zu visualisieren, wenn du es richtig anwendest.

Abends (4 Minuten):

6. **Journaling:**

Wie sah deine heutige, romantische Überraschung des Universums aus?

_____

_____

Wo hast du dir heute einen Termin vereinbart oder was hast du dir vorgenommen (Frequenzerhöhungsaufgabe)?

_____

_____

Wofür bist du heute am meisten dankbar?

_____

_____

Welcher Situation kannst du morgen mit mehr Selbstliebe begegnen?

_____

_____

Tag 7: Zitat des Tages: *„If my mind can conceive it and my heart can believe it then I can achieve it."* – Muhammad Ali

Als Abschluss der ersten Woche geht es hier noch einmal um ein von mir vorgegebenes Thema zum Manifestieren, bevor wir in der nächsten Woche mit deinen persönlichen Wünschen starten!

Frequenzerhöhungsaufgabe des Tages: Reflektiere, welche Situation dich in den letzten Wochen oder Tagen im Alltag gestresst hat und gebe heute bewusst etwas Verantwortung ab oder sage Mal Nein, wenn du merkst, dass dir etwas zu viel wird. Bitte aktiv um Hilfe, ohne dich schlecht zu fühlen. Aktives Stressmanagement kann verhindern, dass du auf Autopiloten schaltest und somit achtsamer durch den Alltag gehst.

Morgens (8 Minuten):

1. Intention setzen: Setze hier wie gewohnt deine Intention für den heutigen Tag:

_____

_____

2. Dankbarkeit: Setze dich wie gewohnt in einer aufrechten Haltung hin und schließe deine Augen. Atme ein paar Mal tief ein und aus, während du die Atemzüge bewusst mitzählst (jeweils 5 Sekunden pro Ein- und Ausatmung). Ziehe die Atmung in die Länge. Wenn du spürst, dass du im Moment angekommen bist, nimmst du jeden Atemzug, um dich vor deinem geistigen Auge an eine Sache zu erinnern, für die du dankbar bist. Es können Momente, Menschen, Gegenstände sein, das ist mal wieder ganz dir überlassen! Natürlich können es auch die Überraschungen vom Universum, die du bereits erhalten hast! Führe dies für einige Minuten durch und bleib weiterhin sitzen für die nächste Aufgabe:

3. Manifestation und Visualisierung: Für heute wirst du dir etwas manifestieren, was dich gesund und vital fühlen lässt. Dies kann körperlich, emotional oder auch mental sein – Das, was für dich jetzt in diesen Augenblick mehr Gesundheit und Heilung bedeutet und von wem du es gerne erhalten möchtest (es kann auch von dir selbst sein), fühle dich in diesen Zustand hinein und visualisiere dir die heutige Situation kristallklar vor deinem inneren Auge. Ergänze dir folgenden Satz:

Es macht mich glücklich zu wissen, dass ich in dem Prozess bin, _____

_____ .

Wenn du dir den Satz vervollständigt hast, geht es an die Visualisierung. Vergiss nicht, diese dann vor deinem inneren Auge so detailreich abzuspielen wie möglich. Tue so, als wäre es schon geschehen und fühl dich hinein, denn das ist der Schlüssel:

Schließe nochmals deine Augen. Nimm hier noch drei tiefe Atemzüge und sage dir anschließend den Satz laut oder leise für dich auf. Fühle dich in das Gefühl der Dankbarkeit und des Glücks hinein, die dieses vitale Gefühl für dich bereithält und starte, diese vor deinem inneren Auge zu visualisieren: Wie fühlst du dich, was bedeutet Gesundheit für dich und in welcher Situation spürst du sie? Wer ist daran beteiligt und ganz wichtig, wie fühlst du dich dabei? Du kannst diese Visualisierung auch in deinen Alltag einbauen, wenn du freund- und liebevolle sowie dankbare Momente hast. Vergiss nicht: Die Atome organisieren sich immer so, wie du dich fühlst!

Mittags (3 Minuten):

4. Achtsamkeit: Nehme dir immer wieder bewusst Zeit für Achtsamkeit und zentriere deine Intention für den heutigen Tag: Nimm – egal wo du gerade bist – zehn tiefe Atemzüge und dir außerdem die Zeit, deine Intention drei Mal aufzusagen. Fokussiere immer wieder deine Aufmerksamkeit auf das für dich Wichtige und Richtige, welches im schnelllebigen Alltag ab und an verloren gehen kann.

Abends (4 Minuten):

5. Journaling:

Wie sah deine manifestierte Form von Gesundheit und Vitalität heute für dich aus?

_____

_____

Welche drei Dinge oder Momente haben deine Laune heute gesteigert?

_____

_____

Über welche Person hast du dich heute am meisten gefreut und warum?

Welche drei Dinge haben dir heute in dieser Woche am meisten gefallen?

Welche Situation konntest du heute entspannter lösen?

Welche positive Gewohnheit hilft dir, dich besser und glücklicher zu fühlen?

Prima! Du hast die erste Woche erfolgreich abgeschlossen und dir schon viele, schöne Dinge in dein Leben manifestieren können. Dir wird wohl häufiger aufgefallen sein, dass die Themen Achtsamkeit und Dankbarkeit sehr häufig in den Übungen vorkommen. Wie schon im Theorieteil des Buches erwähnt, sind diese mitunter der Schlüssel für eine stetig hohe Energiefrequenz. Du solltest dir außerdem angewöhnen, diese langfristig in deine Routine mitaufzunehmen und nicht nur in diesem Tagebuch! In den nächsten zwei Wochen deiner Challenge werden auch diverse Übungen aus dem Buch integriert werden, die du bestenfalls schon einmal durchgeführt hast. 😊

Solltest du noch Zweifel verspüren oder etwas nicht funktionieren, wie du es dir erhofft hast, empfehle ich dir den Praxisteil des Buches noch einmal gründlich durchzuarbeiten und sicherzugehen, dass du keine negativen Glaubenssätze oder Zweifel in dir trägst, die dich eventuell noch sabotieren. Auch eine innere Stimme wie „Das funktioniert bei mir eh nicht" kann noch im Unterbewusstsein verankert sein. Hier solltest du somit noch einmal genau in dich hineinhorchen. Dafür gibt es also noch einen kleinen Check am ersten Tag der zweiten Woche.

Sollte jedoch das Manifestieren und Visualisieren gut funktioniert haben, steht dir absolut nichts mehr im Wege und es geht es nun endlich an deine persönlichen Herzenswünsche. Innerhalb der 21-Tage Challenge ist es vorgesehen, dass du dir drei Wünsche manifestierst. Für jeden Wunsch hast du vier geplante Tage mit diversen Übungen, in denen wir deine Frequenz maximieren und das meiste aus deinem Wunsch herausholen, damit du es wie ein Magnet empfangen kannst. Du kannst die Arbeitsblätter auch weiter nutzen, neu ausdrucken oder langfristig dein eigenes Tagebuch dafür nutzen. Es wird dir mit der Zeit immer leichter fallen und irgendwann zu deiner Routine gehören. Außerdem wirst du deine eigenen Lieblingsmethoden für dich entdecken!

Wir arbeiten jeden Herzenswunsch nacheinander ab und manifestieren auch nicht diverse Ziele gleichzeitig, sondern konzentrieren uns alle vier Tage auf eine neue Manifestation von dir. Hier kommen zudem auch die Techniken aus dem Praxisteil vor, die du bereits kennengelernt und bestenfalls getestet hast. Denke stehts daran, dass du dein Leben bereits in Fülle leben solltest und dich nicht im Mangel fühlen darfst, damit du nicht deine Wünsche findest, sondern sie regelrecht anziehst!

Also, ganz viel Spaß!

Vorbereitung:

1. **Suche dir deinen bereits vorgefertigten, vollständigen Manifestationssätze aus dem Praxisteil heraus (Kapitel 11). Überprüfe noch einmal, ob alles zu 100% deinen Vorstellungen entspricht. Es ist wichtig, dass du die Tabelle mit dem IST- und SOLL-Zustand für deine Wünsche (Kapitel 7.1) durchgearbeitet hast.**

2. **Nutze die Chakren-Meditation, um eventuelle Blockaden deiner Chakren zu lösen (Audio)**

3. **Schreibe hier noch einmal deine Sätze auf, die du im Praxisteil (Kapitel 8.1 + 11) bereits formuliert hast.**

Manifestation 1:

Manifestation 2:

Manifestation 3:

Noch unsicher?

4. **Führe die NLP Übung aus Kapitel 14.2 aus, falls du dir noch unsicher bist**

5. Schaue dir deine Wünsche noch einmal an. Wichtig ist, dass die Formulierung für dich ein glaubwürdiges Gefühl erzeugt, damit du dich wahrhaftig in die richtige Frequenz einschwingen und manifestieren kannst! Gehe also jeden Satz noch einmal genau durch und stelle sicher, dass du keine unterschwelligen Gedankenblockaden oder negativen Glaubenssätze hast! Falls noch welche vorhanden sind, arbeite das entsprechende Kapitel im Praxisteil durch und nutze die Meditation „Negative Glaubenssätze auflösen" und fertige die Visionssonne aus dem Praxisteil an

6. Nutze den „E-Scan" aus dem Praxisteil, um noch einmal die genauen Unsicherheiten zu beleuchten und präziser zu manifestieren

Tag 8 Zitat des Tages: *„Das Glück deines Lebens hängt von der Beschaffenheit deiner Gedanken ab"* – Marcus Aurelius

Frequenzerhöhungsaufgabe des Tages: Heute machen wir ein Jammerfasten: Sobald du spürst, dass du dich gedanklich oder bei jemanden beschwerst oder meckerst, versuche, diesen Gedanken ins Positive zu lenken und genau zu überlegen, ob es das Beschweren wert ist, oder ob du dieser Situation mit mehr Liebe und Verständnis begegnen kannst.

Morgens (4 Minuten):

1. Frequenzcheck der Woche 1:

Welcher Tag der ersten Woche fiel dir am leichtesten und warum?

_____

_____

Welche Frequenzerhöhungsaufgabe hat deine Frequenz am meisten erhöhen können? Wie kannst du es schaffen, sie langfristig in deine Routine miteinzubeziehen?

_____

_____

Welche Intention hat dir am stärksten geholfen, deinem Alltag eine positive Wendung zu geben?

Wie kannst du deine Routine diese Woche noch besser gestalten, um dein Stresslevel so gering wie möglich zu halten?

Wie kannst du deine Ernährung und dein Bewegungspensum noch optimieren?

Was hat dich die letzten Tage am glücklichsten gemacht und wie kannst du mehr davon in deinem Alltag kreieren?

Wie kannst du anderen Personen deines Alltags etwas Gutes tun?

Mittags (4 Minuten):

2. Grübel-Notfallplan Checkliste:

Vergiss nicht, auch Dinge zu tun, die außerhalb deiner Komfortzone liegen. Wann hast du das letzte Mal etwas getan, wovor du Angst hattest? Wie sah es letzte Woche aus, wo kannst du dir noch mehr zutrauen? Schreibe einige Ideen für diese Woche auf:

_____

_____

Was ist alles schon in deinem Leben passiert, was dich bereits zu deinem ersten Herzenswunsch gebracht hat? Schreibe hier die positiven Umstände dafür auf:

_____

_____

Stelle dir aktiv die Frage, ob nicht vieles in den nächsten Tagen passieren kann, was dich näher zu deinem Wunsch bringt. Erinnere dich daran, wie oft etwas passiert ist, wenn wir es nicht erwartet haben oder sogar noch besser:

_____

_____

Abends (7 Minuten):

3. Manifestation: Was ist der erste Wunsch, welchen du für die nächsten Tage manifestieren wirst? Schreibe ihn hier vollständig (Einleitung-, Haupt- und Schlusssatz) auf:

_____

_____

Um dich auf die Manifestation vorzubereiten, schreibe noch einmal alle positiven Gedanken, Gefühle und Wörter, die dich mit dem Wunsch verbinden, in folgende Zeilen auf, hier gibt es kein richtig oder falsch, sondern ausschließlich alles, was du in deiner Energieblase und in deinem Zukunftsbild sehen, erleben und fühlen möchtest:

---

4. Dankbarkeit: Wofür bist du dankbar, wenn du diesen Wunsch im Leben erfüllt hättet? Denk dran: Es geht darum, es zu fühlen, als wäre es schon Realität, also liste hier alle Details auf:

---

5. Visualisieren: Bevor es ins Bett geht, schließe deine Augen noch einmal bewusst und nimm zehn tiefe Atemzüge. Ziehe diese so gut du kannst in die Länge und zähle sie gegebenenfalls mit. Visualisiere deinen Wunsch vor deinem geistigen Auge so detailliert du kannst und denke an die Dinge, die du soeben in der Dankbarkeitsliste aufgefasst hast.

Tag 9 – Wunsch 1 Zitat des Tages: *„Erwarte immer das Beste, und das Beste wird geschehen"* – Joseph Murphy

Frequenzerhöhungsaufgabe des Tages: Schau dich in deiner Wohnung/in deinem Haus einmal um. Gibt es irgendetwas, was dich von deinen Wünschen fernhält, sich deinen Werten widerspricht oder ablenkt? Räume einmal gründlich auf und priorisiere die wichtigen Dinge so, dass du sie im Blick hast. Auch deine Ernährung gehört dazu: Besteht dieser aus reichlich frischer, gesunder und unverarbeiteter Nahrung?

Morgens (4 Minuten):

1. **Intention setzen:** Setze dir wie gewohnt eine Intention. Bedenke dabei deinen Wunsch und richte eine gezielte Intention aus, die dir hilft, das Universum deinen Alltag perfekt auf deinen Wunsch auszurichten:

Ein Gedanke entfernt vom Glück | 115

Schließe deine Augen und sag dir diesen Satz drei Mal vor deinem inneren Auge auf. Fühle dich in diese positive Intention hinein und sei dir sicher, dass du auf dich vertrauen kannst. Vergiss zudem nicht, dir diese Intention drei Mal täglich durchzulesen.

2. **Visualisierung und Dankbarkeit für deine Wunscherfüllung:** Setze dich wie gewohnt in einer aufrechten Haltung hin und schließe deine Augen. Atme ein paar Mal tief ein und aus, während du die Atemzüge bewusst mitzählst (jeweils 5 Sekunden pro Ein- und Ausatmung). Ziehe die Atmung in die Länge. Wenn du spürst, dass du im Moment angekommen bist, nimmst du jeden Atemzug, um dich vor deinem geistigen Auge wie am gestrigen Abend in die Dankbarkeit und das Glück deiner Manifestation zu erinnern. Visualisiere deinen Wunsch wie gewohnt mit all deinen Sinnen vor deinem geistigen Auge und sage dir deinen Manifestationssatz vollständig auf.

Mittags (5 Minuten):

3. **Achtsamkeit:** Nutze hierfür die Kurzversion der Übung aus Kapitel 2.4 „Gedanken anhalten": Schließe deine Augen und setze dich bequem hin. Atme ruhig in deinem eigenen Tempo weiter. Stelle dir die Frage: „Woher kommt mein Gedanke?" und beobachte. Was passiert? Kannst du Pausen zwischen deinen Gedanken feststellen? Beobachte hier kurz, während du ein paar weitere Atemzüge nimmst. Frage dich als letztes, ob du deinen Gedanken eine bestimmte Farbe geben würdest oder einen Geruch. Wie würdest du diese mit deinen Sinnen beschreiben? Wie würdest du deine Gedankenlücken beschreiben? Sei kreativ und schreibe dir, falls du magst, deine Gedanken dazu auf.

Abends (6 Minuten):

4. **Vision Board:** Nimm dir ein Blatt Papier und male dir für deinen Wunsch die wichtigsten Details auf ein Blatt Papier und schaue in Zeitschriften oder Online nach Bildern, die deinen Wunsch bildlich darstellen können, dann geht es etwas schneller. Du kannst selbstverständlich selbst zeichnen, wenn du magst. Dies wird eventuell etwas mehr Zeit benötigen, sich aber lohnen! Du kannst es auch am PC durchführen und dann ausdrucken. Nutze dieses Vision Board, um deinen Traum irgendwo sichtbar aufzuhängen, damit du ihn täglich siehst und dein Unterbewusstsein sich besser darauf ausrichten kann.

5. Kurzes Journaling:

Wofür bist du heute dankbar?

Was konntest du heute in deiner Wohnung optimieren/aufräumen?

Was hat dir heute besonders viel Freude bereitet?

Was kann ich morgen optimieren, um meinen Alltag noch stärker auf meinen Wunsch auszurichten?

Welcher Situation wirst du morgen mit einer höheren Frequenz begegnen und wie sieht dieses Vorhaben genau aus?

Prima. Du hast den ersten Tag deines ersten Wunsches erfolgreich absolviert! Falls du noch Zeit hast, kannst du optional vor dem Schlafengehen deine Visualisierung und Manifestation des Wunsches noch einmal durchführen. Das kannst du auch machen, wenn du bettfertig und bereits mit geschlossenen Augen im Bett liegst.

Tag 10 – Wunsch 1 Zitat des Tages: *„Du wirst morgen sein, was du heute denkst."* – Buddha

Frequenzerhöhungsaufgabe des Tages: Überrasche ein Familienmitglied, einen Freund/eine Freundin oder einen Arbeitskollegen mit einer kleinen Geste. Es kann ein Lieblingsgetränk, Blumen, eine Einladung oder ein Anruf mit lieben Worten sein, das ist ganz dir überlassen!

Ein Gedanke entfernt vom Glück | 117

Morgens (10 Minuten):

1. Intention setzen: Setze dir wie gewohnt eine Intention. Bedenke dabei deinen Wunsch und richte eine gezielte Intention aus, die dir hilft, das Universum deinen Alltag perfekt auf deinen Wunsch auszurichten. Es kann selbstverständlich auch die gleiche sein, die du gestern verwendet hast oder etwas, worin du gestern bemerkt hast, dass du daran arbeiten solltest:

Schließe deine Augen und sag dir diesen Satz drei Mal vor deinem inneren Auge auf. Fühle dich in diese positive Intention hinein und sei dir sicher, dass du auf dich vertrauen kannst. Vergiss zudem nicht, dir diese Intention drei Mal täglich durchzulesen.

2. Drehbuch schreiben: Für deinen ersten Wunsch wirst du nun ein Drehbuch schreiben – es muss nicht endlos lang sein, sondern einfach den Weg zu deinem Ziel symbolisieren. Das wichtige ist, die Änderungen in dir und außerhalb von dir zu beschreiben. Also deinen IST- und deinen gewünschten SOLL-Zustand, den du im Praxisteil des Buches erarbeitet hast. Da dies jedoch etwas mehr Zeit in Anspruch nimmt, als die vorherigen Tage, ist hier deine Mittagsaufgabe optional und je nach Zeitressourcen durchzuführen. Achte vor allen in deinem Drehbuch auf die Details deiner Manifestation, genauso, wie du es dir vorstellst. Je mehr Details du hier beschreibst, desto besser. Keine Sorge! Du musst den Weg noch nicht kennen, denn dieser kommt durch das Fühlen automatisch zu dir. Du kannst, falls du dein WIE aber schon kennst, dieses mit dazuschreiben. Ansonsten beschreibst du es genauso, wie du es gerade tust: Mit dem Manifestieren und das Ändern deiner Gefühle und Frequenzen! Für das Drehbuch habe ich dir auf folgender Seite noch eine Seite Platz gelassen, falls du das Drehbuch im Praxisteil schon ausgefüllt hast.

Mittags (optional):

3. Vergebung: Vergiss nicht, dir deine Intuition für den heutigen Tag immer wieder vor Augen zu führen und deinen Alltag immer wieder deiner Energieblase zugunsten anzupassen und deinen Fokus auf das Wichtige auszurichten. Dies solltest du dir langfristig angewöhnen, um Störfaktoren und Zweitrangigkeit wieder zu eliminieren. Die Eigenverantwortung der Manifestation darfst du nicht vergessen, jedoch solltest du dir selbst auch für schlechte Tage, Fehler oder Rückschläge verzeihen. Dafür kannst du das Vergebungsritual „Ho'oponopono", welches du im Theorieteil kennengelernt hast, wunderbar nutzen. Die lange, detaillierte Version findest du im Praxisteil, falls du mehr Zeit hast:

1. Bitte für dich um Schutz, Segen, Führung, Intuition und Heilung

2. Beschreibe leise oder laut deiner aktuellen Schwierigkeit, die du mit dir selbst hast und die du gerne vergeben möchtest. Sei dein eigener Beobachter und schaue, was dieses Problem mit dir selbst macht, wie du dich fühlst und was es für dich bedeutet.

3. Vergebe dir bedingungslos und spreche die folgenden Sätze:

„Es tut mir leid. Bitte verzeihe mir. Ich liebe dich. Danke."

4. Spüre nach, bedanke dich für diese Segnung und lass los.

Abends (5 Minuten):

4. Dankbarkeit: Nimm dir bewusst Zeit für Dankbarkeit. Das ist eins der effektivsten Schlüssel, deine Energiefrequenz zu steigern und dich wieder in die gewünschte Frequenz zu schwingen. Nimm dir Zeit, dich an fünf Dinge zu erinnern, für die du heute dankbar bist und an weitere fünf Dinge, für die du dankbar bist, wenn dein Wunsch erfüllt ist. Denk daran, du musst deinen Alltag so leben, als wäre es schon da! Schreibe hier alle Punkte runter:

_____

_____

_____

5. Manifestation und Visualisierung: Setze dich wie gewohnt in einer aufrechten Haltung hin und schließe deine Augen. Atme ein paar Mal tief ein und aus, während du die Atemzüge bewusst mitzählst (jeweils 5 Sekunden pro Ein- und Ausatmung). Ziehe die Atmung in die Länge. Wenn du spürst, dass du im Moment angekommen bist, nimmst du jeden Atemzug, um dich vor deinem geistigen Auge in die Dankbarkeit und die Details deines Wunsches einzufühlen. Fühle dich in die „Ich-Perspektive" hinein, was siehst du, wie fühlst du, wie handelst du? Wie sieht dein Umfeld aus? Sage dir währenddessen wieder deinen vollständigen Manifestationssatz auf und fühle dich hinein.

Schreibe dir hier noch einmal nach der Manifestation den Unterschied zu deinem jetzigen Leben genau auf:

Wie unterscheidet sich dein Denken zu deinem Traumleben?

Wie unterscheidet sich das Umfeld (Personen und Umfeld)?

Wie unterscheidet sich deine Routine?

Wie unterscheiden sich deine Prioritäten?

Dein Drehbuch: **Datum:**

Ein Gedanke entfernt vom Glück | 121

Tag 11 – Wunsch 1 Zitat des Tages: „*Remember that your thoughts are the primary cause of everything.*"
- Rhonda Byrne

Frequenzerhöhungsaufgabe des Tages: Nimm dich und andere Mal heute nicht so ernst. Auch wenn es deine Arbeitskollegen oder Respektpersonen sind: Versuche, stressigen oder eher negativen Situationen mit Leichtigkeit zu begegnen. Reagiere heute einmal nicht so, wie es andere erwarten, sondern mit Humor und mehr Verständnis. Wir kommen hier alle nicht lebendig raus! 😊

Morgens (6 Minuten):

1. **Intention setzen:** Setze dir wie gewohnt eine Intention. Bedenke dabei deinen Wunsch und richte eine gezielte Intention aus, die dir hilft, das Universum deinen Alltag perfekt auf deinen Wunsch auszurichten. Nutze hierfür deinen Vergleich von gestern Abend und schaue, was du in deinem Alltag für deinen Wunsch anpassen kannst:

Schließe deine Augen und sag dir diesen Satz drei Mal vor deinem inneren Auge auf. Fühle dich in diese positive Intention hinein und sei dir sicher, dass du auf dich vertrauen kannst. Vergiss zudem nicht, dir diese Intention drei Mal täglich durchzulesen.

2. **Ein Sigil kreieren:** Wie in Kapitel 12 des Buches beschrieben, kannst du auch symbolisch deinen Wunsch festhalten und damit manifestieren. Hier empfiehlt sich, beispielsweise ein Post-It zu nehmen und dieses ebenfalls in Sichtweite aufhängen. Bitte lies dir dazu noch einmal die detaillierte Anleitung im Buch durch. Achte darauf, es bewusst freizugeben und mit der richtigen Energie zu füllen, das ist das wichtigste. Du kannst das Sigil so kreieren, wie du magst. Hier gibt es kein Richtig oder Falsch. Sei kreativ!

Mittags (3 Minuten):

3. **Achtsamkeit:** Führe für einige Minuten in deinem Alltag einen Body Scan durch: Das Gute daran ist, dass du diesen von überall machen kannst – Nimm erst einmal bewusst fünf tiefe Atemzüge. Zähle beim Ein- und Ausatmen jeweils bis fünf. Wenn du dies geschafft hast, starte gedanklich deinen Körper einmal bewusst zu scannen: Starte bei deinen Zehen, dann deine Fersen, hoch zu deinen Knien über deine Waden, Oberschenkel, Gesäß, unterer Rücken und Bauch, Brust und oberer Rücken, Hände, Unter- und Oberarme, Schultern, Hals und Kopf und wieder hinunter. Atme währenddessen ruhig weiter.

Abends (6 Minuten):

4. **Herzkohärenzübung (Kurzversion):** Bevor du wieder deinen Wunsch manifestierst und visualisierst, widmen wir uns allererst deinem Herzen, hier nehmen wir die Übung, die du bereits aus Kapitel 6 kennst: Setze dich in gemütlich hin und richte deine Wirbelsäule auf. Um dich in den Basic State der Kohärenz einzuatmen, nimm hier drei tiefe Atemzüge, welche jeweils beim Ein- und Ausatmen fünf Sekunden andauern. Richte beim Einatmen deine Aufmerksamkeit auf deinen Kopf und beim Ausatmen deine Aufmerksamkeit auf dein Herz. Als nächstes legst du zusätzlich deine Hände auf dein Herz und denkst an eine Person, die du über alles liebst und bei welcher dir warm ums Herz wird. Fühle dich wie gewohnt hinein und denke an eine liebevolle Erinnerung mit dieser Person – Visualisiere sie mit allen Sinnen und atme dabei regelmäßig weiter. Wichtig ist, dass du weiterhin die Ein- und Ausatmung zeitlich auf 5 Sekunden beschränkst. Führe diese Übung für 3 bis 4 Minuten durch.

5. Journaling:

Welcher Situation konntest du heute mit mehr Leichtigkeit begegnen?

Für welche drei Dinge bist du heute besonders dankbar?

Was hat dich die letzten Tage bereits näher an dein Ziel gebracht?

6. Post-It Manifestation: Wie in Kapitel 12 (Technik 6) erklärt, nimmst du dir zwei leere Post-Ist und schreibst auf das eine „gewünschte Situation" und auf das andere „aktuelle Situation". Schreibe wie gewohnt beides detailliert auf die Post-Ists und klebe beide auf gleichgroße Gläser.

Gieße Wasser in das Glas, das die aktuelle Situation darstellt und platziere deine Hände um das Glas. Visualisiere genau deinen aktuellen Ist-Zustand. Wichtig: Involvier deine Emotionen!

Nun nimmst du das Glas mit der aktuellen Situation und gießt das Wasser in das Glas der von dir gewünschten Situation (Soll-Zustand). Nun greifst du wieder mit deinen Händen um das Glas und stellst dir jetzt so detailliert wie möglich deinen Wunsch vor, du visualisierst ihn mit allen wundervollen Facetten deiner Sinne und Emotionen, um die Schwingung zu maximieren. Fühle es so, als wäre es bereits da!

Wenn du das unbeschreibliche Gefühl mit jeder Faser deines Seins in dir aufgenommen hast, trinke das Wasser vollständig aus. Dies steht symbolisch für den Dimensionssprung in deine gewünschte Realität. Wirf den Zettel mit der aktuellen Situation fort und halte nun ausschließlich an deiner gewünschten Situation fest. Du kannst auch das Wasser nehmen, was du täglich in einer bestimmten Flasche trinkst, welche du beispielsweise mit zur Arbeit nimmst.

Tag 12 – Wunsch 1 (letzter Tag!) Zitat des Tages: *„Gratitude opens the door to even more blessings. "* – Rene Marie

Frequenzerhöhungsaufgabe des Tages: Neben dem Manifestieren und Fühlen, ist es auch wichtig, für deine Manifestation ins Handeln zu kommen. Auch, wenn du noch nicht genau weißt, WIE du an dein Ziel kommst, solltest du nach drei Tagen Manifestation und der Übungen bereits intuitiv erste Ideen erhalten haben und dich in die richtige Frequenz eingeschwungen haben. Daher gilt nun am letzten Tag, tu heute etwas, um deinem Wunsch näherzukommen, egal was es ist! Du weißt innerlich und intuitiv genau, welchen Schritt du nun gehen musst, auch wenn dazu Risiko, unangenehme Gespräche, neue Routinen, Mut und Fleiß dazugehören. Los geht es! 😊

Morgens (5 Minuten):

1. Intention setzen: Setze dir wie gewohnt eine Intention. Bedenke dabei deinen Wunsch und richte eine gezielte Intention aus, die dir hilft, das Universum deinen Alltag perfekt auf deinen Wunsch auszurichten:

_____

_____

Schließe deine Augen und sag dir diesen Satz drei Mal vor deinem inneren Auge auf. Fühle dich in diese positive Intention hinein und sei dir sicher, dass du auf dich vertrauen kannst. Vergiss zudem nicht, dir diese Intention drei Mal täglich durchzulesen.

2. Manifestation der Frequenzerhöhungsaufgabe: Wie bereits erwähnt, ist es heute an der Zeit, ins Handeln zu kommen. Dabei weißt du genau, was heute dafür zu tun ist oder welche Richtung du einschlagen musst. Da dies meist ein Schritt ist, der Mut kostet oder vor dem du Angst oder Respekt hast, manifestiert du heute genau die Situation, die du dir wünscht. Schreibe hier dein Ziel für heute auf:

_____

_____

Mittags (1 Minute):

3. Achtsamkeit: Finde einen ruhigen Ort, wo du eine ungestörte Minute hast. Schließe deine Augen und komme im Moment an. Beim Einatmen zählst du bis vier, beim Ausatmen bis 6. Zähle immer gedanklich mit: Falls du den Faden verlieren solltest, ist das kein Problem. Atme einfach weiter, bis du wieder im Rhythmus bist und wiederhole dies für 10 Atemzüge.

Abends (9 Minuten):

4. Vertraue: Prima! Du hast die vier Tage deines ersten Wunsches absolviert. Hier gilt es noch einmal für dich: Es ist in Ordnung, wenn du einen schlechten Tag hast, deine Energiefrequenz mal niedrig ist oder es mal nicht so läuft, wie du es dir vorstellst. Auch das wird dich zu deinem Ziel bringen, solange du nicht aufhörst zu vertrauen und deinen Fokus immer wieder richtig ausrichtest. Dazu gehört Dankbarkeit, Achtsamkeit, Visualisierung, aber auch der Spaß am Leben und das Vertrauen in das Universum! Auch wenn es nicht schnell genug zu laufen scheint: Das Universum hat das perfekte Timing für dich, solange du immer wieder deine Energieblase aufrechterhältst und an dich glaubst. Schaue dir gerne auch nochmal den Grübel-Notfallplan im Buch dafür an.

5. Journaling:

Wofür bist du heute am meisten dankbar?

Was konntest du heute für deinen Wunsch tun?

Welche Veränderungen deiner Routine willst du dir beibehalten?

Mit welcher Technik konntest du deine Energiefrequenz am besten erhöhen?

6. Meditation „Positive Zukunft":

Als Abschluss habe ich dir für deine Manifestation noch einmal die Audio-Meditation „Zukunfts-Ich" vorbereitet: www.manifestation.hderleben.de oder scanne den QR-Code auf S. 91.

Prima! Du hast deinen ersten großen Wunsch erfolgreich manifestiert. Jetzt heißt es vertrauen, geduldig bleiben und den Fokus richten 😌

Tag 13 – Wunsch 2 Zitat des Tages: *„Die Hauptsache für Unglück ist niemals die Situation, sondern Ihre Gedanken darüber"* – Eckhart Tolle

Frequenzerhöhungsaufgabe des Tages: Trinke heute mindestens 2,5 Liter Wasser, vermeide Süßgetränke und greife auf mindestens eine vollwertige, vegetarische oder vegane Mahlzeit und einen frischen Saft oder Smoothie zurück. Du wirst einen Unterschied merken.

Morgens (4 Minuten):

1. **Intention setzen:** Setze dir wie gewohnt eine Intention. Bedenke dabei deinen Wunsch und richte eine gezielte Intention aus, die dir hilft, das Universum deinen Alltag perfekt auf deinen Wunsch auszurichten:

_____

_____

Schließe deine Augen und sag dir diesen Satz drei Mal vor deinem inneren Auge auf. Fühle dich in diese positive Intention hinein und sei dir sicher, dass du auf dich vertrauen kannst. Vergiss zudem nicht, dir diese Intention drei Mal täglich durchzulesen.

2. **Visualisierung und Dankbarkeit für deine Wunscherfüllung:** Setze dich wie gewohnt in einer aufrechten Haltung hin und schließe deine Augen. Atme ein paar Mal tief ein und aus, während du die Atemzüge bewusst mitzählst (jeweils 5 Sekunden pro Ein- und Ausatmung). Ziehe die Atmung in die Länge. Wenn du spürst, dass du im Moment angekommen bist, nimmst du jeden Atemzug, um dich vor deinem geistigen Auge (so wie am gestrigen Abend) in die Dankbarkeit und das Glück deiner Manifestation zu erinnern.

Mittags (5 Minuten):

3. **Achtsamkeit:** Nutze hierfür die Kurzversion der Übung aus Kapitel 2.4 „Gedanken anhalten": Schließe deine Augen und setze dich bequem hin. Atme ruhig in deinem eigenen Tempo weiter. Stelle dir die Frage: „Woher kommt mein Gedanke?" und beobachte. Was passiert? Kannst du Pausen zwischen deinen Gedanken feststellen? Beobachte hier kurz, während du ein paar weitere Atemzüge nimmst. Frage dich als letztes, ob du deinen Gedanken eine bestimmte Farbe geben würdest oder einen Geruch. Wie würdest du diese mit deinen Sinnen beschreiben? Wie würdest du deine Gedankenlücken beschreiben? Sei kreativ und schreibe dir, falls du magst, deine Gedanken dazu auf.

Abends (6 Minuten):

4. Vision Board: Nimm dir ein Blatt Papier und male dir für deinen Wunsch die wichtigsten Details auf ein Blatt Papier und schaue in Zeitschriften oder Online nach Bildern, die deinen Wunsch bildlich darstellen können, dann geht es etwas schneller. Du kannst selbstverständlich selbst zeichnen, wenn du magst. Dies wird eventuell etwas mehr Zeit benötigen, sich aber lohnen! Du kannst es auch am PC durchführen und dann ausdrucken. Nutze dieses Vision Board, um deinen Traum irgendwo sichtbar aufzuhängen, damit du ihn täglich siehst und dein Unterbewusstsein sich besser darauf ausrichten kann.

5. Kurzes Journaling:

Wofür bist du heute dankbar?

_____

_____

Was konntest du heute in deiner Wohnung optimieren/aufräumen?

_____

_____

Was hat dir heute besonders viel Freude bereitet?

_____

_____

Was kann ich morgen optimieren, um meinen Alltag noch stärker auf meinen Wunsch auszurichten?

_____

_____

Welcher Situation wirst du morgen mit einer höheren Frequenz begegnen und wie sieht dieses Vorhaben genau aus?

_____

_____

Prima. Du hast den ersten Tag deines ersten Wunsches erfolgreich absolviert! Falls du noch Zeit hast, kannst du optional vor dem Schlafengehen deine Visualisierung und Manifestation des Wunsches noch einmal durchführen. 😊

Tag 14 – Wunsch 2 Zitat des Tages: „*Wie die Gedanken sind, die du am häufigsten denkst, ganz so ist auch deine Gesinnung. Denn von Gedanken wird die Seele gesättigt*" – Marcus Aurelius

Frequenzerhöhungsaufgabe des Tages: Höre dir heute beim Arbeiten oder während deiner Freizeit Theta-Wellen (Was Theta-Wellen sind, ist im Buch beschrieben) an, du findest zahlreiche Videos dazu auf YouTube oder auch auf Spotify.

Morgens (10 Minuten):

1. Intention setzen: Setze dir wie gewohnt eine Intention. Bedenke dabei deinen Wunsch und richte eine gezielte Intention aus, die dir hilft, das Universum deinen Alltag perfekt auf deinen Wunsch auszurichten. Es kann selbstverständlich auch die gleiche sein, die du gestern verwendet hast:

_____

_____

Schließe deine Augen und sag dir diesen Satz drei Mal vor deinem inneren Auge auf. Fühle dich in diese positive Intention hinein und sei dir sicher, dass du auf dich vertrauen kannst. Vergiss zudem nicht, dir diese Intention drei Mal täglich durchzulesen.

2. Drehbuch schreiben: Für deinen zweiten Wunsch wirst du ebenfalls ein Drehbuch schreiben – es muss nicht endlos lang sein, sondern einfach den Weg zu deinem Ziel symbolisieren. Das wichtige ist, die Änderungen in dir und außerhalb von dir zu beschreiben. Also deinen IST- und deinen gewünschten SOLL-Zustand, den du im Praxisteil des Buches erarbeitet hast. Da dies jedoch etwas mehr Zeit in Anspruch nimmt, als die vorherigen Tage, ist hier deine Mittagsaufgabe optional und je nach Zeitressourcen durchzuführen. Achte vor allen in deinem Drehbuch auf die Details deiner

Manifestation, genauso, wie du es dir vorstellst. Je mehr Details du hier beschreibst, desto besser. Keine Sorge! Du musst den Weg noch nicht kennen, denn dieser kommt durch das Fühlen automatisch zu dir. Du kannst, falls du dein WIE aber schon kennst, dieses mit dazuschreiben. Ansonsten beschreibst du es genauso, wie du es gerade tust: Mit dem Manifestieren und das Ändern deiner Gefühle und Frequenzen! Für das Drehbuch erhältst du eine komplette Seite frei, damit du diese, falls du möchtest, bei dir aufhängen kannst.

Mittags (optional):

3. Vergebung: Vergiss nicht, dir deine Intuition für den heutigen Tag immer wieder vor Augen zu führen und deinen Alltag immer wieder deiner Energieblase zugunsten anzupassen und deinen Fokus auf das Wichtige auszurichten. Dies solltest du dir langfristig angewöhnen, um Störfaktoren und niedrige Prioritäten immer wieder zu eliminieren. Die Eigenverantwortung der Manifestation darfst du nicht vergessen, jedoch solltest du dir selbst auch für schlechte Tage, Fehler oder Rückschläge verzeihen. Dafür kannst du das Vergebungsritual „Ho'oponopono", welches du im Theorieteil kennengelernt hast, wunderbar nutzen:

1. Bitte für dich um Schutz, Segen, Führung, Intuition und Heilung

2. Beschreibe leise oder laut deiner aktuellen Schwierigkeit, die du mit dir selbst hast und die du gerne vergeben möchtest. Sei dein eigener Beobachter und schaue, was dieses Problem mit dir selbst macht, wie du dich fühlst und was es für dich bedeutet.

3. Vergebe dir bedingungslos und spreche die folgenden Sätze:

„Es tut mir leid. Bitte verzeihe mir. Ich liebe dich. Danke."

4. Spüre nach, bedanke dich für diese Segnung und lass los.

Abends (5 Minuten):

4. Dankbarkeit: Nimm dir bewusst Zeit für Dankbarkeit. Das ist eins der effektivsten Schlüssel, deine Energiefrequenz zu steigern und dich wieder in die gewünschte Frequenz zu schwingen. Nimm dir Zeit, dich an fünf Dinge zu erinnern, für die du heute dankbar bist und an weitere fünf Dinge, für die du dankbar bist, wenn dein Wunsch erfüllt ist. Denk daran, du musst deinen Alltag so leben, als wäre es schon da! Schreibe hier alle Punkte runter:

_____

_____

5. Manifestation und Visualisierung: Setze dich wie gewohnt in einer aufrechten Haltung hin und schließe deine Augen. Atme ein paar Mal tief ein und aus, während du die Atemzüge bewusst mitzählst (jeweils 5 Sekunden pro Ein- und Ausatmung). Ziehe die Atmung in die Länge. Wenn du spürst, dass du im Moment angekommen bist, nimmst du jeden Atemzug, um dich vor deinem geistigen Auge in die Dankbarkeit und die Details deines Wunsches einzufühlen. Fühle dich in die „Ich-Perspektive" hinein, was siehst du, wie fühlst du, wie handelst du? Wie sieht dein Umfeld aus? Sage dir währenddessen wieder deinen vollständigen Manifestationssatz auf und fühle dich hinein.

Schreibe dir hier noch einmal nach der Manifestation den Unterschied zu deinem jetzigen Leben genau auf:

Wie unterscheidet sich dein Denken zu deinem Traumleben?

Wie unterscheidet sich das Umfeld (Personen und Umfeld)?

Wie unterscheidet sich deine Routine?

Wie unterscheiden sich deine Prioritäten?

Dein Drehbuch: **Datum:**

132 | Manifestieren & Wunder erschaffen

Ein Gedanke entfernt vom Glück | 133

Tag 15 – Wunsch 2 Zitat des Tages: *„Das ganze Universum verschwor sich, um dir alles zu geben, was du willst."* – Abraham Hicks

Frequenzerhöhungsaufgabe des Tages: Kleide dich heute in deinem Lieblingsoutfit und nimm dir etwas Zeit, dich besonders zu richten und spüre, was dies für einen Unterschied im Alltag macht.

Morgens (6 Minuten):

1. **Intention setzen:** Setze dir wie gewohnt eine Intention. Bedenke dabei deinen Wunsch und richte eine gezielte Intention aus, die dir hilft, das Universum deinen Alltag perfekt auf deinen Wunsch auszurichten. Nutze hierfür deinen Vergleich von gestern Abend und schaue, was du in deinem Alltag für deinen Wunsch anpassen kannst:

_____

_____

Schließe deine Augen und sag dir diesen Satz drei Mal vor deinem inneren Auge auf. Fühle dich in diese positive Intention hinein und sei dir sicher, dass du auf dich vertrauen kannst. Vergiss zudem nicht, dir diese Intention drei Mal täglich durchzulesen.

2. **Ein Sigil kreieren:** Wie in Kapitel 12 des Buches beschrieben, kannst du auch symbolisch deinen Wunsch festhalten und damit manifestieren. Hier empfiehlt sich, beispielsweise ein Post-It zu nehmen und dieses ebenfalls in Sichtweite aufhängen. Wichtig ist, diesen außerdem emotional aufzuladen. Gerne kannst du diesen auch neben dein erstes Sigil deines ersten Wunsches platzieren! Du kannst das Sigil so kreieren, wie du magst. Hier gibt es kein Richtig oder Falsch. Sei kreativ!

Mittags (3 Minuten):

3. **Achtsamkeit:** Führe für einige Minuten in deinem Alltag einen Body Scan durch: Das Gute daran ist, dass du diesen von überall machen kannst – Nimm erst einmal bewusst fünf tiefe Atemzüge. Zähle beim Ein- und Ausatmen jeweils bis fünf. Wenn du dies geschafft hast, starte gedanklich deinen Körper einmal bewusst zu scannen: Starte bei deinen Zehen, dann deine Fersen, hoch zu deinen Knien über deine Waden, Oberschenkel, Gesäß, unterer Rücken und Bauch, Brust und oberer Rücken, Hände, Unter- und Oberarme, Schultern, Hals und Kopf und wieder hinunter. Atme währenddessen ruhig weiter.

Abends (6 Minuten):

4. **Herzkohärenzübung (Kurzversion):** Bevor du wieder deinen Wunsch manifestierst und visualisierst, widmen wir uns allererst deinem Herzen, hier nehmen wir die Übung, die du bereits aus Kapitel 6 kennst: Setze dich in gemütlich hin und richte deine Wirbelsäule auf. Um dich in den Basic State der Kohärenz einzuatmen, nimm hier drei tiefe Atemzüge, welche jeweils beim Ein- und Ausatmen

134 | Manifestieren & Wunder erschaffen

fünf Sekunden andauern. Richte beim Einatmen deine Aufmerksamkeit auf deinen Kopf und beim Ausatmen deine Aufmerksamkeit auf dein Herz. Als nächstes legst du zusätzlich deine Hände auf dein Herz und denkst an eine Person, die du über alles liebst und bei welcher dir warm ums Herz wird. Fühle dich wie gewohnt hinein und denke an eine liebevolle Erinnerung mit dieser Person – Visualisiere sie mit allen Sinnen und atme dabei regelmäßig weiter. Wichtig ist, dass du weiterhin die Ein- und Ausatmung zeitlich auf 5 Sekunden beschränkst. Führe diese Übung für 3 bis 4 Minuten durch.

5. Journaling:

Welcher Situation konntest du heute mit mehr Leichtigkeit begegnen?

_____

_____

Für welche drei Dinge bist du heute besonders dankbar?

_____

_____

Was hat dich die letzten Tage bereits näher an dein Ziel gebracht?

_____

_____

6. Post-It Manifestation:

Wie in Kapitel 12 (Technik 6) erklärt, nimmst du dir zwei leere Post-Ist und schreibst auf das eine „gewünschte Situation" und auf das andere „aktuelle Situation". Schreibe wie gewohnt beides detailliert auf die Post-Ists und klebe beide auf gleichgroße Gläser.

Gieße Wasser in das Glas, das die aktuelle Situation darstellt und platziere deine Hände um das Glas. Visualisiere genau deinen aktuellen Ist-Zustand. Wichtig: Involvier deine Emotionen!

Nun nimmst du das Glas mit der aktuellen Situation und gießt das Wasser in das Glas der von dir gewünschten Situation (Soll-Zustand). Nun greifst du wieder mit deinen Händen um das Glas und stellst dir jetzt so detailliert wie möglich deinen Wunsch vor, du visualisierst ihn mit allen wundervollen

Facetten deiner Sinne und Emotionen, um die Schwingung zu maximieren. Fühle es so, als wäre es bereits da!

Wenn du das unbeschreibliche Gefühl mit jeder Faser deines Seins in dir aufgenommen hast, trinke das Wasser vollständig aus. Dies steht symbolisch für den Dimensionssprung in deine gewünschte Realität. Wirf den Zettel mit der aktuellen Situation fort und halte nun ausschließlich an deiner gewünschten Situation fest. Du kannst auch das Wasser nehmen, was du täglich in einer bestimmten Flasche trinkst, welche du beispielsweise mit zur Arbeit nimmst.

Tag 16 – Wunsch 2 (letzter Tag!) Zitat des Tages: *„Sobald du anfängst, anders darüber zu denken, was du bereits hast, wirst du anfangen, mehr von den guten Dingen anzuziehen, mehr von den Dingen, für die du dankbar sein kannst."* – Joe Vitale

Frequenzerhöhungsaufgabe des Tages: Neben dem Manifestieren und Fühlen, ist es auch wichtig, für deine Manifestation ins Handeln zu kommen. Auch, wenn du noch nicht genau weißt, WIE du an dein Ziel kommst, solltest du nach drei Tagen Manifestation und der Übungen bereits intuitiv erste Ideen erhalten haben und dich in die richtige Frequenz eingeschwungen haben. Daher gilt nun am letzten Tag, tu heute etwas, um deinem Wunsch näherzukommen. Du weißt innerlich genau, welchen Schritt du nun gehen musst, auch wenn dazu Risiko, unangenehme Gespräche, Mut und Fleiß dazugehören. Los geht es!

Morgens (5 Minuten):

1. Intention setzen: Setze dir wie gewohnt eine Intention. Bedenke dabei deinen Wunsch und richte eine gezielte Intention aus, die dir hilft, das Universum deinen Alltag perfekt auf deinen Wunsch auszurichten:

_____

_____

Schließe deine Augen und sag dir diesen Satz drei Mal vor deinem inneren Auge auf. Fühle dich in diese positive Intention hinein und sei dir sicher, dass du auf dich vertrauen kannst. Vergiss zudem nicht, dir diese Intention drei Mal täglich durchzulesen.

2. Manifestation der Frequenzerhöhungsaufgabe: Wie bereits erwähnt, ist es heute an der Zeit, ins Handeln zu kommen. Dabei weißt du genau, was heute dafür zu tun ist oder welche Richtung du einschlagen musst. Da dies meist ein Schritt ist, der Mut kostet oder vor dem du Angst oder Respekt hast, manifestiert du heute genau die Situation, die du dir wünscht. Schreibe hier dein Ziel für heute auf:

_____

Mittags (1 Minute):

3. Achtsamkeit: Finde einen ruhigen Ort, wo du eine ungestörte Minute hast. Schließe deine Augen und komme im Moment an. Beim Einatmen zählst du bis vier, beim Ausatmen bis 6. Zähle immer gedanklich mit: Falls du den Faden verlieren solltest, ist das kein Problem. Atme einfach weiter, bis du wieder im Rhythmus bist und wiederhole dies für 10 Atemzüge.

Abends (9 Minuten):

4. Vertraue: Prima! Du hast die vier Tage deines ersten Wunsches absolviert. Hier gilt es noch einmal für dich: Es ist in Ordnung, wenn du einen schlechten Tag hast, deine Energiefrequenz mal niedrig ist oder es mal nicht so läuft, wie du es dir vorstellst. Auch das wird dich zu deinem Ziel bringen, solange du nicht aufhörst zu vertrauen und deinen Fokus immer wieder richtig ausrichtest. Dazu gehört Dankbarkeit, Achtsamkeit, Visualisierung, aber auch der Spaß am Leben und das Vertrauen in das Universum! Auch wenn es nicht schnell genug zu laufen scheint: Das Universum hat das perfekte Timing für dich, solange du immer wieder deine Energieblase aufrechterhältst und an dich glaubst.

5. Journaling:

Wofür bist du heute am meisten dankbar?

_____

_____

Was konntest du heute für deinen Wunsch tun?

_____

_____

Welche Veränderungen deiner Routine willst du dir beibehalten?

_____

_____

Mit welcher Technik konntest du deine Energiefrequenz am besten erhöhen?

_____

_____

6. Meditation „Positive Zukunft": Als Abschluss habe ich dir für deine Manifestation noch einmal die Audio-Meditation „Zukunfts-Ich" vorbereitet: www.manifestation.hderleben.de oder scanne den QR-Code auf S. 91.

Prima! Auch deinen zweiten Wunsch konntest du erfolgreich manifestieren. Vertraue, hab Spaß und halte deine Energiefrequenz hoch :-)

Tag 17 – Wunsch 3 Zitat des Tages: *„Wenn du visualisierst, dann materialisierst du. Wenn du im Geist dort warst, wirst du im Körper dorthin gehen."* – Dr. Dennis Waitley

Frequenzerhöhungsaufgabe des Tages: Gehe heute mindestens 10.000 Schritte, am besten an der frischen Luft.

Morgens (4 Minuten):

1. Intention setzen: Setze dir wie gewohnt eine Intention. Bedenke dabei deinen Wunsch und richte eine gezielte Intention aus, die dir hilft, das Universum deinen Alltag perfekt auf deinen Wunsch auszurichten:

_____

_____

Schließe deine Augen und sag dir diesen Satz drei Mal vor deinem inneren Auge auf. Fühle dich in diese positive Intention hinein und sei dir sicher, dass du auf dich vertrauen kannst. Vergiss zudem nicht, dir diese Intention drei Mal täglich durchzulesen.

2. Visualisierung und Dankbarkeit für deine Wunscherfüllung: Setze dich wie gewohnt in einer aufrechten Haltung hin und schließe deine Augen. Atme ein paar Mal tief ein und aus, während du die Atemzüge bewusst mitzählst (jeweils 5 Sekunden pro Ein- und Ausatmung). Ziehe die Atmung in die Länge. Wenn du spürst, dass du im Moment angekommen bist, nimmst du jeden Atemzug, um dich vor deinem geistigen Auge wie am gestrigen Abend in die Dankbarkeit und das Glück deiner Manifestation zu erinnern.

Mittags (5 Minuten):

3. Achtsamkeit: Nutze hierfür die Kurzversion der Übung aus Kapitel 2.4 „Gedanken anhalten": Schließe deine Augen und setze dich bequem hin. Atme ruhig in deinem eigenen Tempo weiter. Stelle dir die Frage: „Woher kommt mein Gedanke?" und beobachte. Was passiert? Kannst du Pausen zwischen deinen Gedanken feststellen? Beobachte hier kurz, während du ein paar weitere Atemzüge nimmst. Frage dich als letztes, ob du deinen Gedanken eine bestimmte Farbe geben würdest oder einen Geruch. Wie würdest du diese mit deinen Sinnen beschreiben? Wie würdest du deine Gedankenlücken beschreiben? Sei kreativ und schreibe dir, falls du magst, deine Gedanken dazu auf.

Abends (6 Minuten):

4. Vision Board: Nimm dir ein Blatt Papier und male dir für deinen Wunsch die wichtigsten Details auf ein Blatt Papier und schaue in Zeitschriften oder Online nach Bildern, die deinen Wunsch bildlich darstellen können, dann geht es etwas schneller. Du kannst selbstverständlich selbst zeichnen, wenn du magst. Dies wird eventuell etwas mehr Zeit benötigen, sich aber lohnen! Du kannst es auch am PC durchführen und dann ausdrucken. Nutze dieses Vision Board, um deinen Traum irgendwo sichtbar aufzuhängen, damit du ihn täglich siehst und dein Unterbewusstsein sich besser darauf ausrichten kann.

5. Kurzes Journaling:

Wofür bist du heute dankbar?

_____

_____

_____

Was konntest du heute in deiner Wohnung optimieren/aufräumen?

_____

_____

Was hat dir heute besonders viel Freude bereitet?

Was kann ich morgen optimieren, um meinen Alltag noch stärker auf meinen Wunsch auszurichten?

Welcher Situation wirst du morgen mit einer höheren Frequenz begegnen und wie sieht dieses Vorhaben genau aus?

Prima. Du hast den ersten Tag deines ersten Wunsches erfolgreich absolviert! Falls du noch Zeit hast, kannst du optional vor dem Schlafengehen deine Visualisierung und Manifestation des Wunsches noch einmal durchführen.

Tag 18 – Wunsch 3 Zitat des Tages: „*Wenn du liebst, was du tust, wird dich die Fülle finden.*" – Juliette Kristine

Frequenzerhöhungsaufgabe des Tages: Hinterfrage deine Süchte – Egal ob Zucker, Alkohol, Zigaretten oder Koffein. Reduziere heute bewusst das Suchtmittel, welches du besonders viel konsumierst oder lass es falls möglich komplett weg!

Morgens (10 Minuten):

1. Intention setzen: Setze dir wie gewohnt eine Intention. Bedenke dabei deinen Wunsch und richte eine gezielte Intention aus, die dir hilft, das Universum deinen Alltag perfekt auf deinen Wunsch auszurichten. Es kann selbstverständlich auch die gleiche sein, die du gestern verwendet hast:

_____

_____

Schließe deine Augen und sag dir diesen Satz drei Mal vor deinem inneren Auge auf. Fühle dich in diese positive Intention hinein und sei dir sicher, dass du auf dich vertrauen kannst. Vergiss zudem nicht, dir diese Intention drei Mal täglich durchzulesen.

2. Drehbuch schreiben: Für deinen ersten Wunsch wirst du nun ein Drehbuch schreiben – es muss nicht endlos lang sein, sondern einfach den Weg zu deinem Ziel symbolisieren. Das wichtige ist, die Änderungen in dir und außerhalb von dir zu beschreiben. Also deinen IST- und deinen gewünschten SOLL-Zustand, den du im Praxisteil des Buches erarbeitet hast. Da dies jedoch etwas mehr Zeit in Anspruch nimmt, als die vorherigen Tage, ist hier deine Mittagsaufgabe optional und je nach Zeitressourcen durchzuführen. Achte vor allen in deinem Drehbuch auf die Details deiner Manifestation, genauso, wie du es dir vorstellst. Je mehr Details du hier beschreibst, desto besser. Keine Sorge! Du musst den Weg noch nicht kennen, denn dieser kommt durch das Fühlen automatisch zu dir. Du kannst, falls du dein WIE aber schon kennst, dieses mit dazuschreiben. Ansonsten beschreibst du es genauso, wie du es gerade tust: Mit dem Manifestieren und das Ändern deiner Gefühle und Frequenzen! Für das Drehbuch erhältst du eine komplette Seite frei, damit du diese, falls du möchtest, bei dir aufhängen kannst!

Mittags (optional):

3. Vergebung: Vergiss nicht, dir deine Intuition für den heutigen Tag immer wieder vor Augen zu führen und deinen Alltag immer wieder deiner Energieblase zugunsten anzupassen und deinen Fokus auf das Wichtige auszurichten. Dies solltest du dir langfristig angewöhnen, um Störfaktoren und niedrige Prioritäten immer wieder zu eliminieren. Die Eigenverantwortung der Manifestation darfst du nicht vergessen, jedoch solltest du dir selbst auch für schlechte Tage, Fehler oder Rückschläge verzeihen. Dafür kannst du das Vergebungsritual „Ho'oponopono", welches du im Theorieteil kennengelernt hast, wunderbar nutzen:

1. Bitte für dich um Schutz, Segen, Führung, Intuition und Heilung

2. Beschreibe leise oder laut deiner aktuellen Schwierigkeit, die du mit dir selbst hast und die du gerne vergeben möchtest. Sei dein eigener Beobachter und schaue, was dieses Problem mit dir selbst macht, wie du dich fühlst und was es für dich bedeutet.

3. Vergebe dir bedingungslos und spreche die folgenden Sätze:

„Es tut mir leid. Bitte verzeihe mir. Ich liebe dich. Danke."

4. Spüre nach, bedanke dich für diese Segnung und lass los.

Abends (5 Minuten):

4. Dankbarkeit: Nimm dir bewusst Zeit für Dankbarkeit. Das ist eins der effektivsten Schlüssel, deine Energiefrequenz zu steigern und dich wieder in die gewünschte Frequenz zu schwingen. Nimm dir Zeit, dich an fünf Dinge zu erinnern, für die du heute dankbar bist und an weitere fünf Dinge, für die du dankbar bist, wenn dein Wunsch erfüllt ist. Denk daran, du musst deinen Alltag so leben, als wäre es schon da! Schreibe hier alle Punkte runter:

_____

_____

_____

5. Manifestation und Visualisierung: Setze dich wie gewohnt in einer aufrechten Haltung hin und schließe deine Augen. Atme ein paar Mal tief ein und aus, während du die Atemzüge bewusst mitzählst (jeweils 5 Sekunden pro Ein- und Ausatmung). Ziehe die Atmung in die Länge. Wenn du spürst, dass du im Moment angekommen bist, nimmst du jeden Atemzug, um dich vor deinem geistigen Auge in die Dankbarkeit und die Details deines Wunsches einzufühlen. Fühle dich in die „Ich-Perspektive" hinein, was siehst du, wie fühlst du, wie handelst du? Wie sieht dein Umfeld aus? Sage dir währenddessen wieder deinen vollständigen Manifestationssatz auf und fühle dich hinein.

Schreibe dir hier noch einmal nach der Manifestation den Unterschied zu deinem jetzigen Leben genau auf:

Wie unterscheidet sich dein Denken zu deinem Traumleben?

Wie unterscheidet sich das Umfeld (Personen und Umfeld)?

Wie unterscheidet sich deine Routine?

Wie unterscheiden sich deine Prioritäten?

Dein Drehbuch: **Datum:**

Ein Gedanke entfernt vom Glück | 143

144 | Manifestieren & Wunder erschaffen

Tag 19 – Wunsch 3 Zitat des Tages: *„Die meisten Menschen denken darüber nach, was sie nicht wollen, und fragen sich, warum es immer wieder auftaucht."* – Johannes Assaraf

Frequenzerhöhungsaufgabe des Tages: Starte deinen Tag mit deinem Lieblingslied und tanze dazu, egal wie es aussieht, es macht gute Laune und so wie unser Morgen startet, verläuft ja bekanntlich der gesamte Tag!

Morgens (6 Minuten):

1. **Intention setzen:** Setze dir wie gewohnt eine Intention. Bedenke dabei deinen Wunsch und richte eine gezielte Intention aus, die dir hilft, das Universum deinen Alltag perfekt auf deinen Wunsch auszurichten. Nutze hierfür deinen Vergleich von gestern Abend und schaue, was du in deinem Alltag für deinen Wunsch anpassen kannst:

_____

_____

Schließe deine Augen und sag dir diesen Satz drei Mal vor deinem inneren Auge auf. Fühle dich in diese positive Intention hinein und sei dir sicher, dass du auf dich vertrauen kannst. Vergiss zudem nicht, dir diese Intention drei Mal täglich durchzulesen.

2. **Ein Sigil kreieren:** Wie in Kapitel 12 des Buches beschrieben, kannst du auch symbolisch deinen Wunsch festhalten und damit manifestieren. Hier empfiehlt sich, beispielsweise ein Post-It zu nehmen und dieses ebenfalls in Sichtweite aufhängen. Bitte lies dir dazu noch einmal die detaillierte Anleitung im Buch durch. Achte darauf, es bewusst freizugeben und mit der richtigen Energie zu füllen. Du kannst das Sigil so kreieren, wie du magst. Hier gibt es kein Richtig oder Falsch. Sei kreativ!

Mittags (3 Minuten):

3. **Achtsamkeit:** Führe für einige Minuten in deinem Alltag einen Body Scan durch: Das Gute daran ist, dass du diesen von überall machen kannst – Nimm erst einmal bewusst fünf tiefe Atemzüge. Zähle beim Ein- und Ausatmen jeweils bis fünf. Wenn du dies geschafft hast, starte gedanklich deinen Körper einmal bewusst zu scannen: Starte bei deinen Zehen, dann deine Fersen, hoch zu deinen Knien über deine Waden, Oberschenkel, Gesäß, unterer Rücken und Bauch, Brust und oberer Rücken, Hände, Unter- und Oberarme, Schultern, Hals und Kopf und wieder hinunter. Atme währenddessen ruhig weiter.

Abends (6 Minuten):

4. **Herzkohärenzübung (Kurzversion):** Bevor du wieder deinen Wunsch manifestierst und visualisierst, widmen wir uns allererst deinem Herzen, hier nehmen wir die Übung, die du bereits aus Kapitel 6 kennst: Setze dich in gemütlich hin und richte deine Wirbelsäule auf. Um dich in den Basic State

der Kohärenz einzuatmen, nimm hier drei tiefe Atemzüge, welche jeweils beim Ein- und Ausatmen fünf Sekunden andauern. Richte beim Einatmen deine Aufmerksamkeit auf deinen Kopf und beim Ausatmen deine Aufmerksamkeit auf dein Herz. Als nächstes legst du zusätzlich deine Hände auf dein Herz und denkst an eine Person, die du über alles liebst und bei welcher dir warm ums Herz wird. Fühle dich wie gewohnt hinein und denke an eine liebevolle Erinnerung mit dieser Person – Visualisiere sie mit allen Sinnen und atme dabei regelmäßig weiter. Wichtig ist, dass du weiterhin die Ein- und Ausatmung zeitlich auf 5 Sekunden beschränkst. Führe diese Übung für 3 bis 4 Minuten durch.

5. Journaling:

Welcher Situation konntest du heute mit mehr Leichtigkeit begegnen?

_____

_____

Für welche drei Dinge bist du heute besonders dankbar?

_____

_____

Was hat dich die letzten Tage bereits näher an dein Ziel gebracht?

_____

_____

6. Post-It Manifestation:

Wie in Kapitel 12 (Technik 6) erklärt, nimmst du dir zwei leere Post-Ist und schreibst auf das eine „gewünschte Situation" und auf das andere „aktuelle Situation". Schreibe wie gewohnt beides detailliert auf die Post-Ists und klebe beide auf gleichgroße Gläser.

Gieße Wasser in das Glas, das die aktuelle Situation darstellt und platziere deine Hände um das Glas. Visualisiere genau deinen aktuellen Ist-Zustand. Wichtig: Involvier deine Emotionen!

Nun nimmst du das Glas mit der aktuellen Situation und gießt das Wasser in das Glas der von dir gewünschten Situation (Soll-Zustand). Nun greifst du wieder mit deinen Händen um das Glas und stellst dir jetzt so detailliert wie möglich deinen Wunsch vor, du visualisierst ihn mit allen wundervollen Facetten deiner Sinne und Emotionen, um die Schwingung zu maximieren. Fühle es so, als wäre es bereits da!

Wenn du das unbeschreibliche Gefühl mit jeder Faser deines Seins in dir aufgenommen hast, trinke das Wasser vollständig aus. Dies steht symbolisch für den Dimensionssprung in deine gewünschte Realität. Wirf den Zettel mit der aktuellen Situation fort und halte nun ausschließlich an deiner gewünschten Situation fest. Du kannst auch das Wasser nehmen, was du täglich in einer bestimmten Flasche trinkst, welche du beispielsweise mit zur Arbeit nimmst.

Tag 20 – Wunsch 3 (letzter Tag) Zitat des Tages: *„Fantasie ist alles, sie ist die Vorschau auf die kommenden Attraktionen im Leben."* – Albert Einstein

Frequenzerhöhungsaufgabe des Tages: Neben dem Manifestieren und Fühlen, ist es auch wichtig, für deine Manifestation ins Handeln zu kommen. Auch, wenn du noch nicht genau weißt, WIE du an dein Ziel kommst, solltest du nach drei Tagen Manifestation und der Übungen bereits intuitiv erste Ideen erhalten haben und dich in die richtige Frequenz eingeschwungen haben. Daher gilt nun am letzten Tag, tu heute etwas, um deinem Wunsch näherzukommen. Du weißt innerlich genau, welchen Schritt du nun gehen musst, auch wenn dazu Risiko, unangenehme Gespräche, Mut und Fleiß dazugehören. Los geht es!

Morgens (5 Minuten):

1. **Intention setzen:** Setze dir wie gewohnt eine Intention. Bedenke dabei deinen Wunsch und richte eine gezielte Intention aus, die dir hilft, das Universum deinen Alltag perfekt auf deinen Wunsch auszurichten:

_____

_____

Schließe deine Augen und sag dir diesen Satz drei Mal vor deinem inneren Auge auf. Fühle dich in diese positive Intention hinein und sei dir sicher, dass du auf dich vertrauen kannst. Vergiss zudem nicht, dir diese Intention drei Mal täglich durchzulesen.

2. **Manifestation der Frequenzerhöhungsaufgabe:** Wie bereits erwähnt, ist es heute an der Zeit, ins Handeln zu kommen. Dabei weißt du genau, was heute dafür zu tun ist oder welche Richtung du einschlagen musst. Da dies meist ein Schritt ist, der Mut kostet oder vor dem du Angst oder Respekt hast, manifestiert du heute genau die Situation, die du dir wünscht. Schreibe hier dein Ziel für heute auf:

_____

_____

Mittags (1 Minute):

3. Achtsamkeit: Finde einen ruhigen Ort, wo du eine ungestörte Minute hast. Schließe deine Augen und komme im Moment an. Beim Einatmen zählst du bis vier, beim Ausatmen bis 6. Zähle immer gedanklich mit: Falls du den Faden verlieren solltest, ist das kein Problem. Atme einfach weiter, bis du wieder im Rhythmus bist und wiederhole dies für 10 Atemzüge.

Abends (9 Minuten):

4. Vertraue: Prima! Du hast die vier Tage deines ersten Wunsches absolviert. Hier gilt es noch einmal für dich: Es ist in Ordnung, wenn du einen schlechten Tag hast, deine Energiefrequenz mal niedrig ist oder es mal nicht so läuft, wie du es dir vorstellst. Auch das wird dich zu deinem Ziel bringen, solange du nicht aufhörst zu vertrauen und deinen Fokus immer wieder richtig ausrichtest. Dazu gehört Dankbarkeit, Achtsamkeit, Visualisierung, aber auch der Spaß am Leben und das Vertrauen in das Universum! Auch wenn es nicht schnell genug zu laufen scheint: Das Universum hat das perfekte Timing für dich, solange du immer wieder deine Energieblase aufrechterhältst und an dich glaubst.

5. Journaling:

Wofür bist du heute am meisten dankbar?

\
\

Was konntest du heute für deinen Wunsch tun?

\
\

Welche Veränderungen deiner Routine willst du dir beibehalten?

Mit welcher Technik konntest du deine Energiefrequenz am besten erhöhen?

---

6. Meditation „Positive Zukunft":

Als Abschluss habe ich dir für deine Manifestation noch einmal die Audio-Meditation „Zukunfts-Ich" vorbereitet: www.manifestation.hderleben.de oder scanne den QR-Code auf S. 91.

Tag 21 – Zitat des Tages: *„Was wir uns immer vorstellen können, können wir erreichen"* – W.C. Stone

Heute ist der letzte Tag deines Tagesbuchs eingetroffen. Doch nur weil dieses Tagebuch zum Ende gekommen ist, bedeutet es nicht, dass du morgen in deine altbekannten Routinen rutschen solltest: Halte täglich deinen Fokus, Achtsamkeit und deine Energie stets hoch! Um nochmal persönlich für dich zu reflektieren, nutze die heutigen 15-Minuten speziell, um deine Ausrichtung der Zukunft zu planen.

Frequenzerhöhungsaufgabe des Tages: Schau dir dein Smartphone, deinen Arbeitsplatz und deinen Laptop oder Computer mal an. Kannst du den Startbildschirm oder diverse App, die dich von deinen Wünschen abhalten entfernen oder sogar in passende Apps umtauschen? Kannst du ein passenderes Hintergrundfoto wählen und etwas sichtbar Passendes auf deinen Tisch stellen, welches dich jederzeit an deine Wünsche und Ziele erinnert.

<u>Morgens (5 Minuten)</u>:

1. Intention setzen: Setze hier wie gewohnt die Intention für deinen heutigen Tag:

---

2. Journaling: Beantworte dir noch einmal folgende Fragen:

Welche Intention aus den vergangenen Wochen hat dir am meisten geholfen, deinen Fokus und Energie in die richtige Richtung zu lenken?

Ein Gedanke entfernt vom Glück | 149

Welche neue Routine wirst du dir für die Zukunft beibehalten? Versuche, sie direkt ab heute umzusetzen!

Was für Learnings konntest du aus diesem Tagebuch über dich mitnehmen?

Worin möchtest du dich noch verbessern und wie?

Welche Methode (Meditation, Achtsamkeitsübung) hat dir am meisten gefallen und war für dich am effektivsten?

Mittags (2 Minuten):

3. Dankbarkeit: Schreibe hier zehn Dinge auf, für die du dankbar bist. Beziehe dich hier ausschließlich auf die letzten drei Wochen des Tagebuches:

Abends (8 Minuten):

4. **Achtsamkeit/Meditation:** Suche deinen Favoriten (siehe heutiges Journaling) aus und führe diese Methode für dich durch.

5. **Visualisierung:** Welchem Wunsch möchtest du heute besonders viel Aufmerksamkeit schenken? Suche dir einen der drei Wünsche aus oder starte ganz neu mit einem, den du bis jetzt noch nicht manifestiert hast.

Danksagung

Wenn so ein besonderes Buch erscheint, steht oftmals der Autor im Vordergrund. Das erscheint mir jedoch nicht besonders fair, da es immer vieler Menschen bedarf, die ein solches Werk überhaupt erst ermöglichen. Aus diesem Grund sollen all die lieben Menschen, die mich während des Schreibens so tatkräftig unterstützt haben, hier nun besondere Erwähnung finden.

Zunächst einmal richte ich meinen Dank an meinen Verlag und glaubt mir, ihr Lieben, ich beziehe mich hierbei nicht „nur" auf die Veröffentlichung, sondern in erster Linie auf eure offenen Ohren sowie auf all die motivierenden Worte, die mich jedes Mal stärkten, wenn ich selbst einmal in eine Schreibblockade geriet.

Einmal niedergeschrieben, durfte die einfühlsame Lektorin nicht fehlen, die alles in den richtigen Ton und an seinen richtigen Platz brachte: eine wundervolle Arbeit, liebe Susanne, Danke! Im gleichen Atemzug möchte ich natürlich auch meinem Korrektor Wolfgang danken, der während des Lesens meines Skripts bestimmt vor lauter Komma- und Rechtschreibfehler fast einen Hirnknoten bekam!

Ein besonderer Dank gilt meiner Familie und meinen Freunden: Ohne eure immerwährende Geduld und tatkräftige Unterstützung wäre ich diesen Schritt der Publikation sicher nicht gegangen. Ihr habt mich immer wieder aufgebaut und gabt mir die Kraft, an mich und meine Vision zu glauben und diese erfolgreich zu manifestieren.

Sollte ich wider Erwarten doch noch einen wichtigen Menschen vergessen haben, der mir bei der Umsetzung dieses Werkes half, so bitte ich, dies zu entschuldigen. Ich schließe dich selbstverständlich in meinen tiefen Dank mit ein.

Mein innigster Dank geht selbstverständlich an dich, denn du folgtest deiner Intuition und hast dich dafür entschieden, dieses Buch zu erwerben und – so hoffe ich – mit mir gemeinsam von vorne bis hinten durchzuarbeiten. Nachdem du nun all diese hilfreichen Informationen erhalten hast und diese wahrscheinlich schon bald anwenden wirst, wünsche ich dir von ganzem Herzen den größtmöglichen Erfolg, all die wundervollen Wünsche in dein Leben zu manifestieren, die dir viel Freude bringen und stets ein Lächeln auf deine Lippen zaubern.

Vielen Dank an euch alle – ich weiß euer Tun und Sein wirklich sehr zu schätzen und es erfüllt mein Leben zutiefst.

Literaturverzeichnis

1. Atkinson, W. W. (2008). *Thought Vibration: The Law Of Attraction In The Thought World* (Reprint Aufl.). Createspace Independent Publishing.

2. Bartlett, L., Martin, A., Neil, A. L., Memish, K., Otahal, P., Kilpatrick, M. & Sanderson, K. (2019). A systematic review and meta-analysis of workplace mindfulness training randomized controlled trials. *Journal of Occupational Health Psychology, 24*(1), 108–126. https://doi.org/10.1037/ocp0000146

3. Bohr, N. (2022). *On the Constitution of Atoms and Molecules* (1. Aufl.). Birkhäuser.

4. *Chakrenfarben.* (2002). Lichtbann - Beepworld - Chakrenfarben https://lichtbann.beepworld.de/chakrenfarben.htm

5. Chopra, D. (2001). *Die heilende Kraft: „Quantum Healing". Ayurveda, das altindische Wissen vom Leben und die modernen Naturwissenschaften* (1., Aufl.). Lübbe.

6. Chopra, D. (2011). *Die heilende Kraft.* Driediger.

7. Chopra, D. & PhD. Tanzi, R. E. (2018). *The Healing Self: A Revolutionary New Plan to Supercharge Your Immunity and Stay Well for Life.* Harmony.

8. Churchland, P. S. (1989). *Churchland, P: Neurophilosophy: Toward a Unified Science of the Mind-Brain (Computational Models of Cognition and Perception)* (Reprint Aufl.). The MIT Press.

9. Company, T. G. (2020). *Prime Your Day - Morning Ritual Journal.* Independently Published. Inspiriert durch Tony Robbins

10. Deepak Chopra. (2019, 7. Mai). *Purpose of Ego.* https://www.deepakchopra.com/articles/purpose-of-ego/

11. Douthat, R. (2016, 24. Dezember). Opinion | Varieties of Religious Experience. The New York Times. Abgerufen am 23. Juni 2022, https://www.nytimes.com/2016/12/24/opinion/sunday/varieties-of-religious-experience.html

12. Dr. Dispenza, J. (2017). *Becoming Supernatural: How common people do the uncommon.* KOHA.

13. Dr. Emoto, M. (2015). *Wasserbelebung.* Wasserladen Köln. https://www.wasserladenkoeln.de/wasserbelebung/dr-masaru-emoto/

14. Dr. Hawkins, D. R. (1997). *Die Ebenen des Bewußtseins*. Beltz Verlag.

15. Dr. Hawkins, D. R. (2014). *Hawkins Skala - erweitert*. Praxis Staats - Hawkins Bewusstseinsskala PDF. https://praxis-staats.de/wp-content/uploads/2021/03/Hawkins-Skala_erweitert.pdf

16. Dr. Murphy, J. (2016). *Die Macht Ihres Unterbewusstseins: Das Original*. Ariston.

17. Dr. Nelson, B. & Hufnagel, S. (2015). *Der Emotionscode: So werden Sie krank machende Emotionen los* (5. Aufl.). VAK.

18. Duprée, U. E. (2013). *Ho'oponopono: Das hawaiianische Vergebungsritual* (13. Aufl.). Schirner Verlag.

19. E., Hicks, J. & Hicks, J. (2009). *The Law of Attraction*. ReadHowYouWant.com, Limited.

20. Eingeweihte, D. & Atkinson, W. W. (2011). *Kybalion - Die 7 hermetischen Gesetze: Das Original* (10. Aktual. Aufl.). Aurinia Verlag.

21. Einstein, A. (1916). *Über die spezielle und allgemeine Relativitätstheorie*. Wikipedia-Eintrag. https://de.wikipedia.org/wiki/%C3%9Cber_die_spezielle_und_die_allgemeine_Relativit%C3%A4tstheorie

22. *Eisbergmodell*. (2022). Loadmedical - Eisbergmodell. https://loadmedical.com/eisbergmodell

23. Fäßler Und C. Jönsson, A. (2005). *Die Top 10 der schönsten physikalischen Experimente* (1. Aufl.). rororo.

24. Fischer, E. (2019, 5. Mai). *77 Verhaltensweisen deines Egos*. LebeBlog. https://www.lebeblog.de/ego-verhaltensweisen/

25. Fischer, F. (2017). *Achtung, Illusion!* neobooks.

26. Franckh, P. (2008). *Das Gesetz der Resonanz* (4. Aufl.). Koha.

27. Haanel, C. F. (2012). *The Maser Key System - Der Universalschlüssel zu einem erfolgreichen Leben*. Goldmann.

28. Hausser, P. (2022, 10. Januar). *Die 7 Chakren und ihre Bedeutung*. High Energy Mind. https://www.highenergymind.com/chakren/

29. *The Healing Self: A Revolutionary New Plan to Supercharge Your Immunity and Stay Well for Life*. (2018). Harmony.

30. HeartMath Institute. (2001). *Science of the Heart*. https://www.heartmath.org/resources/downloads/science-of-the-heart/

31. *HeartMath Institute - Kohärenz PDF-Downloads*. (2010). HeartMath Institute. https://www.heartmath.org/assets/uploads/2015/01/coherence-bridging-personal-social-global-health.pdf und https://www.heartmath.org/assets/uploads/2015/01/achieving-collective-coherence.pdf

32. Hebb, D. O. (2002). *The Organization of Behavior: A Neuropsychological Theory*. Taylor & Francis Inc.

33. *Hermetischen Gesetze – Universalprinzipien fürs Leben*. Medium werden | Lerne mit der geistigen Welt zu kommunizieren. https://www.medium-werden.de/die-7-hermetischen-gesetze-universalprinzipien-fuers-leben/

34. Hicks, E. & Hicks, J. (2011). *Wunscherfüllung: Die 22 Methoden* (3. Aufl.). Ullstein eBooks.

35. Import, M. (2018, 26. November). *Hubschrauber fliegt per Gedankensteuerung*. Scinexx, Das Wissensmagazin. https://www.scinexx.de/news/technik/hubschrauber-fliegt-per-gedankensteuerung/

36. *INE - Home*. (2015). Institute of Neural Engineering Graz Brain-Computer Interface Lab. https://www.tugraz.at/institute/ine/home/

37. Iyengar, B. & Menuhin, Y. (1993). *Licht auf Yoga: Das grundlegende Lehrbuch des Hatha-Yoga (O. W. Barth im Scherz Verlag)* (7., Aufl.). O.W. Barth.

38. Jähde, H. (2022). *Visionboard und Gesetz der Anziehung*. Mein Visionboard. https://mein-visionboard.de/visionboard-und-gesetz-der-anziehung/

39. James, T., Woodsmall, W. & Wyatt, W. (2018). *Time Line Therapy and the Basis of Personality*. Penguin Random House.

40. Jarrett, R. H. (2021). *It Works: The Famous Little Red Book that Makes your Dream Come True, Original Classic Edition*. Independently published.

41. Kabat-Zinn, J. (2003). *Mindfulness-Based Interventions in Context: Past, Present, and Future*. Wiley Online Library - Mindfulness-Based Interventions in Context: Past, Present, and Future. https://onlinelibrary.wiley.com/doi/epdf/10.1093/clipsy.bpg016

42. Kabat-Zinn, J. & Kappen, H. (2013). *Gesund durch Meditation: Das große Buch der Selbstheilung mit MBSR* (1. Aufl.). O.W. Barth eBook.

43. Kahili King, S. (2020). *Instant Healing: Mastering the Way of the Hawaiian Shaman Using Words, Images, Touch, and Energy (English Edition)* (First Aufl.). St. Martin's Essentials.

44. Kinslow, F. & Brandt, B. (2013). *Das QE®-Praxisbuch: Mit allen Original-Übungen (Quantum Entrainment (R))* (2. Aufl.). VAK.

45. Kinslow, F. J. (2009). *Quantenheilung*. Beltz Verlag.

46. *Kosmische Gesetze*. Priester Schamane. https://priester-schamane.de/kosmische-gesetze/

47. Lakhovsky, G. & Popp, F. A. (1981). *Das Geheimnis des Lebens: Kosmische Wellen und vitale Schwingungen. Wie Zellen miteinander reden* (2. Aufl.). VGM.

48. Langer, E. J. (2009). *Counterclockwise: Mindful Health and the Power of Possibility*, (New Aufl.). Ballantine Books.

49. Lipton, B. (2016). *Intelligente Zellen - Wie Erfahrungen unsere Gene steuern* (Aktualis. u. erw. Neuaufl. Aufl.). KOHA Verlag.

50. Lorenzen, B. (2019, 17. Mai). *Gesetz der Anziehung: Glaubenssätze positiv wandeln – Britta Lorenzen | Erfolg und Reich genießen*. Britta Lorenzen - Gesetz der Anziehung. https://brittalorenzen.com/gesetz-der-anziehung/

51. Losier, M. J. (2009). *Law of Attraction - The Science of Attracting More of what You Want and Less of what You Don't Want*. Hachette Australia.

52. McCraty, R. (2010): Coherence: Bridging Personal, Social, and Global Health,

    Altern Ther Health Med. 2010;16(4):10-24.

53. McCraty, R., Barrios-Choplin, B., Rozman, D., Atkinson, M. & Watkins, A. D. (1998).

    The impact of a new emotional self-management program on stress, emotions, heart rate variability, DHEA and cortisol. Integrative Physiological and Behavioral Science, 33(2), 151–170. https://doi.org/10.1007/bf02688660

54. McCraty, R. & Zayas, M. A. (2014). Cardiac coherence, self-regulation, autonomic stability, and psychosocial well-being. Frontiers in Psychology, 5. https://doi.org/10.3389/fpsyg.2014.01090

55. Mojtahedzadeh, N., Neumann, F. A., Rohwer, E., Augustin, M., Zyriax, B. C., Harth, V. & Mache, S. (2020). Betriebliche Gesundheitsförderung in der Pflege. *Prävention und Gesundheitsförderung*, *16*(2), 163–169. https://doi.org/10.1007/s11553-020-00800-1

56. Nelson, Bradley. (2007). Der Emotionscode. VAK Verlags GmbH.

57. Ouweneel, A. (2014). *On being grateful and kind : results of two randomized controlled trials on study-related emotions and academic engagement*. Eindhoven University of Technology Research Portal. https://research.tue.nl/en/publications/on-being-grateful-and-kind-results-of-two-randomized-controlled-t

58. Pascual-Leone, A., Nguyet, D., Cohen, L. G., Brasil-Neto, J. P., Cammarota, A. & Hallett, M. (1995). Modulation of muscle responses evoked by transcranial magnetic stimulation during the acquisition of new fine motor skills. Journal of Neurophysiology, 74(3), 1037–1045. https://doi.org/10.1152/jn.1995.74.3.1037

59. PhD Goswami, A. (2018). *Quantum Doctor*. JAICO.

60. PhD, R. L. L. (2005). *The Worry Cure: Seven Steps to Stop Worry from Stopping You (English Edition)*. Harmony.

61. *Manifestiere Deine Zukunft - persönliche Realität erkennen*. Sohumraya.de. https://www.sohumraya.de/news/new/manifestiere-deine-zukunft-eine-uebung-nach-dr.-joe-dispenza.html

62. Radin, D., I. (2018). *Real Magic: Ancient Wisdom, Modern Science, and a Guide to the Secret Power of the Universe (English Edition)*. Harmony.

63. Radin, D., Hayssen, G. & Walsh, J. (2007). Effects of Intentionally Enhanced Chocolate on Mood. EXPLORE, 3(5), 485–492. https://doi.org/10.1016/j.explore.2007.06.004

64. Rovelli, C. (2018). *The Order of Time (English Edition)* (01 Aufl.). Penguin.

65. Saint-Exupéry, A. D. & Herbert, M. (2015). *Der Kleine Prinz (Mit den farbigen Zeichnungen des Verfassers)*. Anaconda Verlag.

66. *The Secrets of Solfeggio Frequencies: New Revised Edition - Kindle edition by Jack Roberts, Michael Light. Religion & Spirituality Kindle eBooks @ Amazon.com*. (2018).

   66. The Secrets of Solfeggio Frequencies: New Revised Edition Kindle Ausgabe. https://www.amazon.com/Secrets-Solfeggio-Frequencies-Michelangelo-Light-ebook/dp/B07DDP6B21

67. Servan-Schreiber, D., Leipold, I. & Schäfer, U. (2015). *Die neue Medizin der Emotionen: Stress, Angst, Depression: Gesund werden ohne Medikamente*. Verlag Antje Kunstmann.

68. Shiah, Y. J., Hsieh, H. L., Chen, H. J. & Radin, D. I. (2017). Effects of Intentionally Treated Water on Growth of Arabidopsis thaliana Seeds with Cryptochrome Mutations. EXPLORE, 13(6), 371–378. https://doi.org/10.1016/j.explore.2017.05.001

69. Sivananda, S. (2017). *Vedanta für Anfänger*. Swami Sivananda.

70. Skuban, R. (2020). *Pranayama: Die heilsame Kraft des Atems*. Beltz Verlag.

71. Song, G. Schwartz, And L. Russek, L. Z. (1999). *Heart-focused attention and heart-brain synchronization: Energetic and physiological mechanisms*.

72. University of Arizona - Heart-Focused Attention and Heart-Brain Synchronization: Energetic and Physiological Mechanisms. https://experts.arizona.edu/en/publications/heart-focused-attention-and-heart-brain-synchronization-energetic

73. Strogatz, S. H. (2003). *Sync*. Hachette Books.

74. *The Subconscious Mind of the Consumer (And How To Reach It)*. (2003, 13. Januar). HBS Working Knowledge. https://hbswk.hbs.edu/item/the-subconscious-mind-of-the-consumer-and-how-to-reach-it

75. Tan, C., Goleman, D. & Kabat-Zinn, J. (2012). *Tan, C: Search Inside Yourself: Increase Productivity, Creativity and Happiness*. Harper Collins Publ. UK.

76. The Gratitude Company. (2020). Morning Ritual Journal: Inspired by Tony Robbins' Daily Priming Exercise.

77. *Theta Gehirnwellen*. (2022). The Theta Healing - Theta State. https://thetahealing.de/about-thetahealing/thetahealing-theta-state.html

78. Tigunait, P. R. (2007). *Power of Mantra and the Mystery of Initiation*. Amsterdam University Press.

79. Tolle, E. (2010). *Jetzt! Die Kraft der Gegenwart*. Kampfhausen.

80. von Dreien, B. +. C. (2020). *Christina, Band 2: Die Vision des Guten* (1. Aufl.). Govinda-Verlag.

81. von Neumann, J. (1996). *Mathematische Grundlagen der Quantenmechanik* (2. Aufl.). Springer.

82. Wikipedia-Autoren. (2006, 13. Juli). *Eisbergmodell*. Wikipedia - Eisbergmodell. https://de.wikipedia.org/wiki/Eisbergmodell

83. *YogaEasy: Yoga üben mit deinem Online-Yogastudio*. (2022). YogaEasy - Higher Self: Lass dein höchstes Selbst wirken. https://www.yogaeasy.de/artikel/higher-self-lass-dein-hoeheres-selbst-wirken

84. Zimbardo, P. G., Ruch, F. L. & Angermeier, W. F. (1978). *Lehrbuch der Psychologie*. Springer Publishing.

Impressum
Smikee Limited
Queens Road 28, Central Tower
20th Floor
Hong Kong Central
Registernummer: 73904459
kontakt@smikee.de

Printed in Germany
by Amazon Distribution
GmbH, Leipzig